ÉCOLE COLONIALE

CONFÉRENCES

Faites les 24, 28 et 30 Avril 1903

PAR

M. H. JOLLY

Inspecteur des Finances
Ancien Directeur au Ministère des Colonies

PARIS

J. MERSCH, IMPRIMEUR

4bis, AVENUE DE CHATILLON, 4bis

1903

ÉCOLE COLONIALE

CONFÉRENCES

Faites les 24, 28 et 30 Avril 1903

PAR

M. H. JOLLY

Inspecteur des Finances

Ancien Directeur au Ministère des Colonies

PARIS

J. MERSCH, IMPRIMEUR

4bis, AVENUE DE CHATILLON, 4bis

1903

ÉCOLE COLONIALE

CONFÉRENCES

Faites les 24, 28 et 30 Avril 1903

par M. H. JOLLY

Inspecteur des Finances, Ancien Directeur au Ministère des Colonies

Messieurs,

Le Conseil d'administration de l'École a pensé que les questions de change, si fréquentes et si complexes dans une partie de nos colonies, ne pouvaient vous rester étrangères, et il s'est souvenu d'un de ses anciens membres pour vous les exposer. Permettez-moi d'abord de l'en remercier; au début, la tâche m'avait paru pénible, mais elle m'a obligé à recueillir les souvenirs de ma carrière, à revivre quelques bons moments du passé. A mesure que je voyais se préciser le but, je trouvais la besogne moins ardue, et la pensée qu'elle pourrait vous être utile me la rendait agréable. Le Conseil a peut-être trop présumé de mes forces, mais je le remercie encore et je serais heureux si après vous avoir donné quelques notions sommaires et précises de la question du change, je vous inspirais le désir de faire de cette question, qui vous touchera souvent personnellement au cours de votre carrière, une étude plus approfondie.

Et d'abord, je voudrais vous mettre en garde contre une opinion que j'ai maintes fois entendu exprimer dans les colonies et ailleurs, c'est que le change colonial constitue une chose toute particulière, n'ayant que peu d'analogies avec le change européen.

C'est là, Messieurs, une illusion absolue; sans doute dans chaque pays la question du change se pose d'une manière différente, mais les principes généraux qui la régissent sont les mêmes partout. Une observation superficielle peut ne voir qu'un lointain rapport entre la situation en Espagne et dans l'Inde, par exemple, mais une étude plus approfondie fait apparaître des règles qui sont de tous les temps et de tous les pays. Ce sont ces règles que je voudrais vous exposer.

Vous connaissez tous la grande loi économique en vertu de laquelle le prix d'une catégorie quelconque d'objets oscille suivant qu'ils sont plus offerts que demandés ou plus demandés qu'offerts.

Si, dans un village, un boulanger ayant 100 clients a fait 100 pains, l'offre étant égale à la demande, le prix de chaque pain sera déterminé par trois éléments : 1° le prix de la matière première; 2° le salaire de l'ouvrier; 3° les frais généraux et le bénéfice du patron. Si au contraire le boulanger n'a fait que 90 pains pour 100 clients, ceux-ci pourraient craindre de ne pas trouver le pain nécessaire chez le boulanger et d'être obligés d'aller le chercher dans le village voisin. Ils préféreront donc donner au boulanger un prix un peu plus élevé pour s'éviter le voyage. Inversement, si le boulanger avait fait 110 pains pour 100 clients, il préférerait abaisser ses prix pour que sa fournée entière fût immédiatement écoulée, à la chance de voir rester 10 pains invendus. Cette loi de l'offre et de la demande, je crois devoir vous la rappeler, car nous allons la voir agir continuellement au cours de l'étude des questions de change.

La connaissance de cette question est peu répandue en France, en dehors du monde spécial des affaires, et la raison en est bien simple, le change affecte surtout les pays pauvres, le nôtre est riche et il n'a pas eu à en souffrir depuis très longtemps. Je suppose que vous vouliez demain faire un voyage dans un pays quelconque du monde; vous jugez nécessaire de vous munir de monnaie étrangère, vous allez chez un changeur qui vous transforme, moyennant un léger salaire, votre or ou vos billets français en monnaies du pays que vous voulez visiter. Si, rentré chez vous, vous refaites le calcul, vous remarquerez que, sauf la faible commission, prix du service rendu, vous avez échangé votre monnaie sans perte ou même avec un gain sur l'unité monétaire étrangère. Or l'expérience prouve qu'on cherche beaucoup moins à se rendre compte de la cause qui fait gagner de l'argent que de celle qui en fait perdre. C'est ainsi que cette question du change, peu connue dans un pays riche comme la France, l'est beaucoup plus dans les pays pauvres comme les colonies; vous y entendrez en effet tout le monde en parler et parfois émettre des théories plus ou moins risquées. Bien plus, comme fonctionnaires rétribués au moyen de traitements fixes, vous en souffrirez quelque peu; vous voyez que la question est pour vous d'un intérêt immédiat.

Il ne faudrait cependant pas croire que notre pays ait toujours été dans une situation si favorisée; vers la fin du règne de Louis XVI et surtout pendant la Révolution, les valeurs françaises subirent une dépréciation considérable. Au cours du siècle qui vient de finir, les oscillations du change ont été presque insensibles en France. Après la Révolution de 1848, il atteignit 7 %, mais cette situation ne dura pas plus de quatre mois et après la guerre de 1870, malgré l'énorme rançon qui nous fut imposée, il n'a jamais dépassé 2 1/2 %.

L'Angleterre, Messieurs, qui était encore, il y a quelques années, le pays le plus riche du monde, a elle-même souffert plusieurs fois du change; l'historien Macaulay fait mention de la dépréciation des valeurs anglaises vers l'année 1670, mais elle fut bien plus considérable après que Napoléon eut décrété le blocus continental. Voici en quels termes Mollien, ministre du Trésor et l'un des restaurateurs du crédit de la France après la période révolutionnaire, dépeignait, en 1811, l'état de l'Angleterre :

« Ses produits s'étaient longtemps encombrés dans les magasins publics et particuliers; la banque anglaise avait forcé la nature de ses escomptes pour secourir ceux de ses manufacturiers qui n'avaient pu rentrer dans leurs capitaux parce qu'ils n'avaient pas trouvé d'acheteurs. (En d'autres termes la banque avait prêté aux industriels, et ceux-ci ne vendant pas leurs produits ne pouvaient la rembourser.) Les billets de banque sortant ainsi de la limite assignée à toute monnaie avaient éprouvé une dépréciation proportionnelle à leur débordement. Bientôt tout équilibre avait été rompu entre les anciens et les nouveaux prix, entre ceux-ci et les salaires. Par la même cause, le change de

l'Angleterre était tombé de plus de 30 %; il devait suivre la condition accidentelle de la monnaie et, depuis longtemps créancière
du continent, l'Angleterre restait exposée à une perte propor
tionnelle au taux du change sur les remboursements qui pouvaient lui être faits. »

Je borne là les exemples historiques; mon but était seulement
de vous prouver qu'aucun pays, si riche soit-il, ne peut se croire
à l'abri du change dans des circonstances politiques graves, et
que l'étude des changes et de leurs fluctuations est nécessaire,
non seulement aux banquiers et aux hommes d'affaires, mais
aussi aux hommes d'État. A notre époque surtout, où les entreprises internationales ont pris un développement inattendu, les
fluctuations du change peuvent révéler parfois des événements
encore ignorés ou des arrangements qu'on s'efforce de garder
secrets. Le même ministre dont je viens de vous citer les mémoires, Mollien, nous donne à ce sujet une indication très
curieuse. Il se tenait jour par jour au courant de tous les mouvements de change, non seulement par l'intermédiaire de ses
bureaux, mais aussi au moyen de ses relations fréquentes avec
les banquiers de France, de Hollande, et leurs correspondants à
l'étranger; or en 1813, au cours de l'armistice qui suivit les premiers succès de Napoléon dans la campagne de Saxe, il remarqua
dans le change entre l'Angleterre, l'Allemagne et l'Espagne, de
singulières variations qui ne semblaient pas résulter de transactions normales; ses correspondants lui fournirent certains
indices et dès ce moment, avant même la rupture des négocia-
tions, il acquit la conviction que l'Angleterre avait conclu avec
les puissances européennes le traité de subsides qui devait avoir
pour conséquence la chute de Napoléon. Vous voyez, Messieurs,
combien pour un homme d'État habile les moindres faits peuvent
être précieux. Vous ne serez probablement pas tous des hommes
d'État, mais vous serez sûrement des administrateurs, et j'ai
tenu à vous citer ce détail afin de vous montrer qu'on ne doit
négliger aucun élément pour chercher à s'éclairer sur ce qui
intéresse la grandeur et la prospérité de son pays.

I

Je vais aujourd'hui vous expliquer la théorie du change.

Dans notre prochaine réunion, je vous en indiquerai l'application dans deux de nos colonies, l'Indo-Chine et la Réunion, celle-ci prise comme type des colonies sucrières.

Comment peut-on définir le change? Ici, Messieurs, j'éprouve un réel embarras; je n'en ai jamais rencontré une définition assez précise et en même temps assez large pour s'appliquer à tous les cas, et je ne me risquerai pas à tenter ce que bien des économistes ont fait sans grand succès, au moins à mon avis.

Sans définir directement le change, on peut dire *qu'il résulte de la comparaison de l'ensemble des créances d'un pays sur les pays étrangers avec l'ensemble de ses dettes envers ces mêmes pays.* Si par exemple la France doit cinq milliards à l'étranger et que l'étranger lui en doive six, le change sera la résultante de la situation respective de la France et de l'étranger. Cette indication vous paraîtra peut-être un peu vague, mais je vous demande de me faire crédit pendant quelques instants, et vous verrez, j'espère, la notion du change se préciser dans votre esprit, à mesure que j'avancerai dans cet exposé. Nous aurons d'abord à rechercher les causes du change, des causes nous passerons aux effets, et des effets aux moyens de remédier à ses inconvénients.

Avant de commencer l'examen des causes qui donnent naissance au change, il me faut ouvrir une parenthèse pour vous expliquer certains termes techniques qui reviendront fréquemment dans le cours de cette étude. Et tout d'abord, qu'est-ce qu'un change favorable ou défavorable? On dit que le change est *favorable* à un pays, lorsque pour se procurer une somme déterminée de valeurs sur un autre pays, il doit débourser une quantité moindre que celle qui résulterait de la relation normale entre les unités monétaires des deux pays. Ainsi la livre sterling a une valeur intrinsèque de 25 fr. 22; si je puis me procurer des livres au prix de 25 fr. 15, le change me sera *favorable*, car je gagnerai 7 centimes par livre; si je n'en trouve qu'à 25 fr. 28, le change me sera *défavorable*, car je perdrai 6 centimes par livre, enfin si j'achète des livres à 25 fr. 22 exactement, il n'y aura pas de change et l'on dira que le change est *au pair*. Vous verrez plus tard que cette expression, change favorable ou défavorable, n'est pas rigoureusement exacte ; quand nous étudierons les effets du change, je vous indiquerai que, dans certaines circonstances, un change *défavorable* peut produire certains résultats avantageux au pays qui le supporte, mais il faut conserver pour la commodité du langage les expressions défectueuses qui sont universellement usitées, et vous rappeler que, dans le sens usuel, change favorable veut dire *gain* et change défavorable veut dire *perte.*

Je viens de vous parler de l'opération qui consiste à échanger des livres sterlings contre des francs, des francs contre des roubles ou contre des piastres, c'est-à-dire de la monnaie contre de la monnaie ; le raisonnement s'applique tout aussi bien à un échange de billets de banque français contre des billets de banque étrangers et même contre du numéraire. Vous savez tous en effet, Messieurs, qu'on pratique le billet de banque constitue une espèce de monnaie, car sa circulation est garantie par une réserve métallique déposée dans les caves de la Banque ; c'est ce qui fait qu'on appelle souvent le billet de banque *monnaie fiduciaire.*

Si au lieu de prendre des monnaies ou des billets de banque, nous supposons qu'on veuille se procurer des effets de commerce, le change existera de même, mais avec adjonction d'un élément nouveau ; le billet de banque en effet n'est qu'une sorte de papier de commerce, dont le caractère distinctif est d'être remboursable immédiatement en numéraire, lorsqu'on le présente aux guichets de la Banque, c'est ce que l'on appelle être remboursable à *vue.*

L'effet de commerce, au contraire, n'est pas toujours payable à vue. Vous savez tous, Messieurs, ce que c'est qu'un effet de commerce. Un commerçant achète pour 1.000 francs de marchandises le 1ᵉʳ janvier, il ne les paie pas au comptant, parce que ce procédé nécessiterait pour lui un capital trop considérable ; il a deux moyens de se libérer envers son vendeur : le premier est le plus simple, *c'est le billet à ordre;* il libelle donc son billet de la manière suivante :

Au 1ᵉʳ avril, **je payerai** *à M. X... ou à son ordre la somme de 1.000 francs,* et il remet l'effet à son créancier.

Le second moyen est un peu plus compliqué. Comme il a lui-même des débiteurs, il peut en quelque sorte déléguer à son créancier un de ces débiteurs, et alors il libelle une lettre de change ainsi conçue :

Au 1ᵉʳ avril, **payez** *à M. X... ou à son ordre la somme de 1.000 francs,* et il la remet de même à son créancier.

Ainsi la formule *payez* correspond à la lettre de change, la formule *je payerai* au billet à ordre. Mais, dans un cas comme dans l'autre, la somme de 1.000 francs n'est pas payable immédiatement, elle ne l'est qu'au 1ᵉʳ avril, c'est-à-dire quatre-vingt-dix jours après ; elle peut l'être même à cent vingt jours, suivant les usages locaux du commerce. Si cet effet est mis dans la circulation et qu'on veuille l'acheter, il n'aura pas la même valeur qu'un billet de banque, car le billet de banque est remboursable à vue et vaut immédiatement 1.000 francs, tandis que l'effet de commerce ne vaudra 1.000 francs que le 1ᵉʳ avril prochain. Il faut donc déduire de cette somme de 1.000 francs l'intérêt jusqu'au jour de l'échéance ; c'est l'*escompte* dont vous avez entendu maintes fois parler quand vous commenciez à apprendre l'arithmétique.

Si vous avez un effet de 1.000 francs à acheter, que cet effet ait quatre-vingt-dix jours à courir et que l'intérêt soit de 4 %, vous ne devrez l'acheter que 990 francs. Si au contraire vous l'achetez dix jours seulement avant l'échéance, vous le paierez 998 fr. 89, parce que la déduction d'escompte n'est que de dix jours au lieu de quatre-vingt-dix.

Dans la pratique on appelle *papier court* les effets qui ont moins de quinze jours à courir avant l'échéance, et *papier long* ceux qui ont encore soixante-quinze à quatre-vingt-dix jours avant cette époque. Vous voyez donc que lorsque l'on veut acheter des effets de commerce, il faut tenir compte non seulement de la valeur de l'effet, mais encore du temps restant à courir. La valeur des effets courts est donc toujours supérieure à celle des effets longs. Il y a d'ailleurs, indépendamment de l'escompte, une autre cause de différence entre la valeur des effets longs et courts, cette cause, c'est l'insolvabilité éventuelle du souscripteur de l'effet. Le risque d'insolvabilité est évidemment beaucoup moins grand si l'échéance de l'effet est dans quinze jours que si elle est dans trois mois, et ce risque entre aussi dans le prix que l'on paiera le papier de commerce.

Mais pourquoi, me direz-vous, a-t-on à acheter du papier de commerce? Pour une raison bien simple, Messieurs, c'est que quand on doit à l'étranger, il est beaucoup plus facile de le payer en lui envoyant une simple feuille de papier qu'en lui faisant passer du numéraire, et plus économique de lui envoyer du papier de commerce qui peut être escompté, et qui par conséquent subit une réduction, que des billets de banque qui ne sont pas susceptibles d'escompte.

Ainsi, tous les moyens de se libérer d'une dette : monnaies, billets de banque, effets de commerce, sont passibles du change, mais tandis que le change des monnaies est une opération très simple, qui consiste à transformer une quantité quelconque de métal frappé à une effigie en une quantité équivalente de métal frappé à une autre effigie, on voit s'introduire dans le change des billets de banque et des effets de commerce des éléments qui compliquent un peu la question.

Le billet de banque ou l'effet de commerce étranger que l'on veut transformer en francs est libellé en livres sterling, en florins, en roubles. Soit un effet ou un billet de 100 florins hollandais, si vous voulez savoir ce qu'il vaudra en francs, vous consultez le tableau des cours du change publié dans les cotes de la Bourse, et vous voyez, par exemple, que 100 florins valent 207 francs. Si vous recevez 100 florins en monnaie, vous aurez donc 207 francs. Si vous les recevez en billets de banque, vous aurez également 207 francs, parce que le billet de banque étant payable à vue et en numéraire équivaut à du numéraire dans les pays dont le crédit est intact. (Il n'en serait pas de même si le crédit de la Hollande était moins sûr ; il se pourrait que dans ce cas le billet — en raison du risque de paiement — ne valût que 204 ou 205 francs.)

Enfin, si vous recevez un effet de commerce de 100 florins, il vaudra 207 francs moins une certaine déduction qui se composera : 1° De l'intérêt à courir jusqu'au jour du paiement; 2° d'une certaine quantité variable selon la solvabilité du souscripteur de l'effet ; 3° de la demande ou de l'offre plus ou moins grande d'effets hollandais.

Ainsi, quand pour des causes quelconques il existe un

change entre deux pays, ce change s'applique à tous les moyens de libération existant entre eux -- monnaie, billets de banque et effets de commerce.

Nous pouvons maintenant, Messieurs, passer à l'étude beaucoup plus intéressante des causes du change. Il est indispensable de les déterminer d'une manière aussi exacte que possible, car c'est de leur connaissance que devront découler les palliatifs à apporter aux inconvénients qu'il amène.

On peut ramener ces causes à trois grandes divisions : les causes monétaires, les causes économiques et les causes budgétaires. Tantôt ces trois causes se trouvent réunies et alors le change devient très défavorable au pays qui se trouve dans cette fâcheuse situation : c'est le cas actuel de l'Espagne, dont la circulation monétaire est dépréciée, la situation économique et budgétaire défectueuse. C'était hier encore la situation de l'Italie. Tantôt, au contraire, une de ces causes agit isolément ; tel était jusqu'à sa récente réforme monétaire le cas de la Russie ; sa situation économique était excellente, ses budgets présentaient des excédents importants, la circulation monétaire seule laissait à désirer. Il n'en est plus de même aujourd'hui. Tel est le cas de notre grande colonie Indo-Chinoise.

Pour que ces trois causes exercent une influence sérieuse sur le change, il faut qu'elles présentent un certain caractère d'importance et de durée ; un accident purement passager peut demeurer inaperçu, car les effets n'ont pas encore eu le temps de se dégager que déjà la situation s'est modifiée. Au moment même où je vous parle, les budgets de trois des principaux États de l'Europe sont en déficit : celui de la France, par suite de remaniements de notre régime fiscal, celui de l'Angleterre, par suite des charges considérables résultant de la guerre du Transvaal, celui de l'Allemagne enfin, à cause de la crise économique qui vient de sévir en ce pays. Cependant, le change n'est défavorable à aucun de ces trois États, parce qu'il s'agit là de contrées riches dans lesquelles la gêne du Trésor ne semble que momentanée. La situation, au contraire, deviendrait inquiétante si ce qui n'est aujourd'hui qu'un simple accident venait à dégénérer en maladie chronique, ainsi que le fait s'est produit en Espagne et dans certaines Républiques américaines.

II

Dans chaque pays, Messieurs, la circulation métallique a pour base une unité à laquelle on donne le nom d'étalon ; en France, en Suisse et en Belgique le franc, en Italie le franc sous le nom de lire, en Russie le rouble, en Angleterre la livre sterling, en Allemagne le marc, dans les Indes anglaises la roupie, en Indo-Chine, au Mexique, la piastre, etc...

En Angleterre, la monnaie de compte est la livre sterling, pièce d'or d'une valeur de 25 francs environ, ce pays est donc à l'étalon d'or. Ce qui ne veut pas dire qu'il n'existe pas de monnaie d'argent en Angleterre. On y trouve de la menue monnaie, ce qu'on appelle de la monnaie divisionnaire, et du bronze, mais cette monnaie et ce bronze ne servent qu'aux échanges intérieurs, car leur valeur intrinsèque ne correspond nullement à leur valeur nominale.

La pièce d'or anglaise représente sur un de ses côtés un saint Georges terrassant le dragon, de là l'expression cavalerie de Saint-Georges que vous retrouvez souvent dans les journaux pour exprimer un moyen d'action qui n'a rien de commun avec celui des cuirassiers ou des hussards, mais qui, parait-il, n'en est pas moins très efficace.

En France, l'étalon est le franc, c'est-à-dire le poids d'or correspondant à la pièce d'argent de 5 grammes au titre de 9/10, mais concurremment avec la monnaie d'argent, il existe une monnaie d'or qui, à poids égal, a une valeur quinze fois et demie plus forte que la pièce d'argent de valeur nominale correspondante. Ce rapport fixe, établi entre la valeur des deux métaux par la loi du 17 germinal an XI, a permis de dire que la France est un pays à *double étalon* puisque les paiements peuvent se faire indifféremment en or ou en argent. Telle était encore la situation il y a une trentaine d'années, quand commença à se manifester la dépréciation de l'argent qui prit rapidement des proportions inquiétantes.

En 1872 le rapport de l'or à l'argent n'était plus de 15 fr. 50, mais de 15 fr. 64.

En 1875 de 16 fr. 58.
— 1876 — 17 fr. 88.
— 1883 — 18 fr. 63.
— 1886 — 20 fr. 79.
— 1888 — 22 fr.
— 1892 — 23 fr. 70.
— 1894 — 32 fr. 59.
— 1901 — 34 fr. 69.

Actuellement, il est environ de 41 fr. 40, si vous examinez la cote des métaux précieux à la Bourse de Paris, de telle sorte que, la pièce de 5 francs n'a plus qu'une valeur intrinsèque de 1 fr. 96 environ, autrement dit, le kilo d'argent qui valait en 1870, 222 francs, et en 1876, 193 francs, est tombé aujourd'hui à 83 francs.

Cette énorme dépréciation de l'argent est un des phénomènes économiques les plus intéressants de l'époque actuelle et on cherche vainement dans le passé une situation analogue.

Si nous remontons au moyen âge, à partir du moment où les documents monétaires présentent quelque certitude, nous voyons que le rapport entre l'or et l'argent oscille entre 10 et 12, c'est-à-dire que le premier de ces métaux a eu une valeur de 10 à 12 fois supérieure à l'autre; peu à peu ce rapport arrive à 1/15 vers la fin de l'ancien régime; le rapport de 15 1/2 aura duré un peu moins d'un siècle, car il existait déjà en fait avant d'avoir été sanctionné par la loi de germinal. Au contraire, en trente ans à peine, nous assistons à un effondrement de l'argent qui arrive à perdre presque les 2/3 de sa valeur. De là, une profonde perturbation dans les pays qui emploient l'étalon d'argent.

Je me borne à constater le fait de la dépréciation considérable de l'argent, sans en rechercher les causes, sur lesquels les économistes sont loin d'être d'accord. Qu'il vous suffise de savoir que ce n'est pas la plus grande abondance d'extraction de l'argent qui a produit ce résultat, car la production de l'or a marché d'une manière proportionnellement encore plus rapide dans ces dernières années.

Vous comprenez combien la situation des États qui avaient le régime du double étalon aurait été grave s'ils avaient persisté à le conserver; l'étranger leur aurait fait tous ses paiements en argent, et en même temps que ce métal se serait accumulé chez eux, l'or en aurait disparu, car ils auraient toujours dû payer en or leurs dettes envers les États à étalon d'or. On prit donc, il y a vingt-cinq ans, le parti d'arrêter les progrès du mal en interdisant de frapper de nouvelles monnaies d'argent. Je ne puis ici vous développer plus longuement notre mécanisme monétaire, cela nous éloignerait trop longtemps de notre sujet, qu'il vous suffise de savoir qu'aujourd'hui la France est, en fait, au régime de l'étalon d'or et que toutes les monnaies d'argent, sauf la pièce de 5 francs, n'ont de pouvoir libératoire que dans l'intérieur du pays, et sous certaines conditions, à titre réciproque, dans les pays de l'Union latine qui ont le même système monétaire que nous : Belgique, Suisse, Grèce et Italie.

Depuis une trentaine d'années l'étalon d'or s'étend de plus en plus au détriment de l'étalon d'argent ; il constitue en effet la monnaie des pays riches ou en voie de le devenir : Angleterre, France, États-Unis, Allemagne, Autriche, Russie, Japon, etc.

L'étalon d'argent, au contraire, est celui des pays pauvres ou des pays producteurs d'argent qui ne peuvent se résoudre à adopter l'étalon d'or. L'Inde anglaise, qui était au régime de l'étalon d'argent, a vu s'introduire chez elle de la monnaie d'or, et sans pouvoir être encore classée absolument parmi les États à étalon d'or, elle touche au moment où l'argent ne sera plus chez elle qu'une monnaie d'appoint.

Le métal jaune s'est substitué à l'argent au Siam et il avait été question de l'établir dans les établissements anglais du détroit de Malacca ; l'empire de l'argent, de plus en plus restreint, se réduit aujourd'hui à l'Amérique du Sud, au Mexique, à la Chine et à l'Indo-Chine, et, en Europe, à l'Espagne, bien qu'elle reste théoriquement encore sous le régime du double étalon.

Le célèbre philosophe anglais Locke s'exprimait ainsi à propos de la monnaie : « Prendre pour mesure de la valeur commerciale des marchandises, des matières qui n'ont pas entre elles un rapport fixe et invariable, c'est comme si l'on choisissait pour mesure de la longueur un objet qui fût sujet à s'allonger ou à se raccourcir ; il faut qu'il n'y ait dans le pays qu'un seul métal qui soit la monnaie et la mesure des valeurs. » Cette idée très simple et très logique est la base du monométallisme, qui peut se présenter sous deux formes : monométallisme or, et monométallisme argent. Mais si l'on recherche quelles doivent être les qualités du métal admis comme étalon, on remarque que la principale est la fixité de sa valeur. Quand, dans une période de trente ans, un métal a perdu les deux tiers de sa valeur, il est forcément un étalon monétaire défectueux qui doit tôt ou tard disparaître, et vous voyez facilement, Messieurs, combien doit souffrir de cette situation le pays à étalon d'argent dans ses rapports avec ceux qui ont adopté l'étalon d'or. Une fois sortie du pays où elle a cours légal, la monnaie dépréciée, quand on veut l'introduire dans un pays à étalon d'or, devient une simple marchandise ; elle perd la portion de la valeur que lui confère l'effigie du gouvernement qui l'a frappée, elle ne conserve que celle qui résulte de la quantité de métal fin qu'elle contient. Pour reprendre la comparaison de Locke, l'étalon d'or, c'est un mètre de bois, de fer, de marbre, un mètre inextensible ; l'étalon d'argent, c'est une mesure de caoutchouc, autrefois tendue jusqu'à la longueur d'un mètre, réduite aujourd'hui à une longueur de 36 ou 37 centimètres et susceptible encore de réduction. Cette comparaison, comme toutes les comparaisons, n'est pas mathématiquement exacte, car la valeur de l'or a subi à diverses reprises des variations, mais ces variations ont été si peu considérables, qu'on peut les négliger. Voilà, Messieurs, la grande cause de la baisse du change dans l'Amérique du Sud et dans l'Extrême-Orient. Nous entrerons dans notre prochaine conférence dans des détails qui intéressent plus particulièrement l'Indo-Chine. Il me suffit pour le moment d'avoir constaté le fait matériel de la dépréciation de l'argent.

On indique encore parfois les qualités d'une bonne monnaie en disant qu'elle doit être *exportable;* et elle ne l'est que si sa valeur intrinsèque correspond à sa valeur nominale. C'est exprimer sous une autre forme ce que je viens de vous dire. A mesure que le nombre des pays à étalon d'or augmente, le cercle des pays dans lequel la monnaie d'argent reste exportable se rétrécit de plus en plus : la conséquence naturelle est un avilissement de sa valeur.

A côté de la monnaie métallique, nous voyons dans presque tous les pays coexister une circulation fiduciaire composée des billets des banques d'émission ou de billets émis par l'Etat lui-même. Les billets de banque ne sont en définitive que la représentation des engagements commerciaux, billets ou lettres de change entrés au moyen de l'escompte dans le portefeuille de la banque d'émission; ils correspondent à une valeur métallique d'or ou d'argent, suivant qu'ils sont émis dans un pays à étalon d'or ou d'argent. En France, en Angleterre, en Allemagne, on peut dire que le billet de banque équivaut à de l'or, tandis qu'au Brésil et dans la république Argentine il n'équivaut qu'à de l'argent. Les causes qui déprécient la monnaie déprécient donc de même le billet de banque, puisque, dans une certaine mesure, celui-ci représente de la monnaie, et il y a analogie complète à ce point de vue entre la monnaie métallique et la monnaie fiduciaire, si l'on peut se servir de ce mot.

Mais la monnaie fiduciaire a encore d'autres causes de dépréciation qui lui sont propres et sur lesquelles je dois appeler toute votre attention, car de ce que vous voyez en France le billet de banque circuler concurremment avec la monnaie et pour la même valeur, il ne faudrait pas en conclure qu'il en soit de même partout et que l'on puisse appliquer uniformément les mêmes principes à la circulation métallique et à la circulation fiduciaire.

Je vous disais, il y a un instant, que la monnaie fiduciaire représente de la monnaie métallique ; cela est vrai dans tous les pays où les banques d'émission fonctionnent régulièrement ; mais il y a des pays où l'on serait très embarrassé de dire ce que représente un billet de banque, ce sont ceux où ce billet n'est pas remboursable en numéraire et à vue. Tel était, il y a quelques années, le cas de la Russie où on ne trouvait ni or ni argent en circulation, et où la Banque n'avait à opposer à son émission considérable de papier qu'une encaisse métallique sans importance ; on a exprimé cette situation sous une forme originale en disant que l'étalon de la Russie était l'étalon de papier. Tel est encore le cas de certaines banques de nos colonies qui se refusent à rembourser leurs billets à vue, et dont l'encaisse se compose en partie de monnaies inexportables, et par conséquent dépréciées.

Vous comprenez facilement, Messieurs, que dans cette hypothèse une cause particulière de dépréciation vienne agir sur la circulation fiduciaire, c'est la crainte que le billet de banque ne soit pas intégralement remboursé, même en monnaie dépréciée.

Les pays où le billet n'est pas remboursable en numéraire et à vue sont sous le régime du *cours forcé*. Ce régime résulte soit d'une disposition légale, soit de circonstances de fait non sanctionnées par la loi ; dans l'un et l'autre cas, d'ailleurs, le résultat est à peu près le même pour le porteur de billets de banque. En principe, le cours forcé est toujours mauvais ; cependant dans certaines circonstances graves et en entourant la mesure de précautions destinées à rassurer le public, le cours forcé a permis de traverser des crises dont les effets auraient été beaucoup plus redoutables que ceux du cours forcé lui-même. Tel a été le cas de la France lorsque, après la guerre de 1870, elle a dû faire passer plus de cinq milliards en Allemagne. Au simple point de vue de la facilité des échanges, l'augmentation du maximum de l'émission et l'établissement du cours forcé des billets de banque sont venus combler le vide que laissait dans la circulation la disparition du numéraire employé en partie à nous libérer de notre énorme dette. Grâce à des mesures d'une extrême prudence et d'une grande habileté, personne ne s'inquiéta de l'existence du cours forcé et la perte que subit notre change ne dépassa jamais 2 1/2 %. Tout autre serait la situation si le cours forcé était la conséquence de fausses mesures financières ou d'une mauvaise administration de la Banque. Tel est le cas du cours forcé qui a existé en fait dans certaines de nos colonies sucrières.

La dépréciation de la circulation fiduciaire dans un pays peut tenir à d'autres causes. Lorsque les billets émis représentent non plus des effets de commerce en portefeuille ou du numéraire en caisse, mais des emprunts déguisés imposés par l'État à la Banque, cette situation peut contribuer à déprécier le billet, car il ne représente plus rien ; c'est le crédit de l'État qui seul lui donne quelque valeur. En France et en Angleterre, la Banque doit, aux termes de la loi qui lui confère son privilège, faire des avances au Trésor, mais elles sont restreintes dans des limites trop étroites pour que le crédit des deux Banques en soit affecté. Il n'en est pas de même en Espagne. La Banque de ce pays est au capital de 150 millions de pesetas, sa circulation s'élève actuellement à environ 2 milliards 200 millions de pesetas dont 1.200 millions représentent le compte courant du Trésor ou ses emprunts.

En fait, la circulation fiduciaire espagnole n'a donc, pour

2

plus de moitié, d'autre garantie que le crédit de l'État. Cette situation est la conséquence de la dernière guerre qui a imposé de lourdes charges à nos voisins, mais vous voyez sans peine qu'elle peut contribuer dans une certaine mesure à diminuer la valeur du billet espagnol. La pression abusive exercée par l'État sur la Banque d'émission, constitue un des dangers les plus graves pour le crédit d'un pays. Au moyen âge, les souverains, vous le savez, se faisaient peu de scrupules d'abaisser le titre des monnaies pour se procurer des ressources, et vous vous souvenez que l'épithète de faux monnayeur a flétri l'un de nos rois, Philippe le Bel. Des procédés aussi barbares ne pourraient plus être employés dans les États modernes, mais les gouvernements ont cependant encore le moyen d'émettre de la monnaie fiduciaire, qui ne manque pas d'analogie avec la fausse monnaie d'autrefois et qui présente d'autant plus de dangers que les procédés employés sont plus habilement combinés. Les États qui emploient de pareils procédés et ceux qui émettent des billets d'État non garantis se causent à eux-mêmes un grave préjudice, car ils portent une sérieuse atteinte à leur crédit.

Même dans un pays à étalon d'or, on peut concevoir le cas où une fausse mesure monétaire peut accentuer une dépréciation du change. Supposez que, dans un pays quelconque, l'or ait une tendance à être exporté ; et, pour arrêter ce mouvement, supposez que l'on commette la faute d'interdire l'exportation de l'or, immédiatement le change deviendra plus défavorable. En effet, si l'on remarque une tendance de l'or à émigrer, c'est vraisemblablement qu'on n'a pas d'autre moyen de faire des remises de fonds à l'étranger, si on en prohibe l'exportation, on se prive de ce moyen et il va alors s'accumuler dans les caisses de la Banque. La circulation devient donc exclusivement fiduciaire et par suite se déprécie. Comme il faut toujours d'ailleurs arriver à payer ses dettes à l'étranger, les commerçants du pays où on a pris cette fausse mesure ne pouvant plus trouver d'or à exporter dans leur pays sont obligés pour se libérer d'en acheter à l'étranger et cela dans des conditions bien moins favorables. L'interdiction d'exportation de l'or, loin d'être utile au pays en question, se trouve donc lui être nuisible.

Un phénomène analogue peut se produire dans un pays à double étalon, si le métal jaune n'y existe pas en quantité suffisante. Tel est en ce moment le cas de l'Espagne. L'encaisse métallique de la Banque contient une quantité d'argent plus importante que celle de l'or, et la circulation intérieure ne se compose que d'argent et de billets. Le billet de banque ne représente donc qu'une encaisse métallique en partie dépréciée et il en subit le contre-coup. Il existe d'ailleurs un principe économique qualifié *loi de Gresham*, du nom du financier anglais qui l'a formulée il y a trois siècles, et que l'on peut ainsi résumer : « Dans tout pays où coexistent deux monnaies d'inégale valeur intrinsèque, la mauvaise chasse la bonne. »

Vous expliquer les raisons de ce principe m'entraînerait trop loin, mais nous en verrons plus tard des applications ; je me borne pour le moment à l'énoncer devant vous, pour que vous compreniez la dépréciation imposée au change espagnol, par suite de la difficulté de maintenir l'or en circulation dans la péninsule.

Avant de terminer cet exposé sommaire des causes d'origine monétaire qui influent sur le change, il me reste à vous indiquer comment certaines mesures administratives peuvent équivaloir à une dépréciation de la monnaie. Vous savez tous que la monnaie de billon, la monnaie divisionnaire, et même la pièce de 5 francs françaises sont loin d'avoir une valeur intrinsèque égale à leur valeur nominale ; ce sont en réalité des jetons destinés à faciliter les transactions. Si le gouvernement décidait, comme l'a fait le Directoire, qu'une portion de chaque paiement pourra être composée de billon (cette portion était alors de 1/40) et que cette quantité ne fût pas limitée à un chiffre minime, il ferait quelque chose d'assez analogue à une altération de la monnaie ; et, dans ses mémoires, Mollien nous apprend que, de son temps, on avait attribué à cette mesure une fâcheuse répercussion sur le change.

Du moment où la monnaie métallique et la monnaie fiduciaire d'un pays sont dépréciées, il est inutile d'ajouter, vous le comprenez facilement, que leurs effets de commerce libellés en cette monnaie le sont également. La perte au change frappe toutes les valeurs de ce pays, quelle qu'en soit la nature.

III

La seconde des causes qui influent sur le change d'un pays, c'est sa situation économique. Nous commençons ici à aborder un ensemble de faits assez complexes sur lesquels j'appelle votre attention.

Si vous vous en souvenez, je vous disais en commençant que le change est la résultante de la comparaison des dettes et des créances d'un pays sur les pays étrangers. Je n'ai pas voulu préciser plus à ce moment, parce qu'une énumération eût été alors intempestive, mais il nous faut maintenant développer cette proposition.

Nous nous trouvons ici en présence de ce qu'on a appelé le système de la *balance du commerce*, système qui a été en grand honneur pendant longtemps et dont on trouve encore parfois la trace dans les discussions parlementaires. Voici comment on peut le résumer. Un pays doit tendre toujours à exporter plus qu'il n'importe, de manière à faire entrer chez lui une somme de numéraire supérieure à celle qu'il a fait sortir pour payer ses importations. Si donc on compare le tableau des importations et celui des exportations pour un pays déterminé, on peut dire que la situation économique de ce pays est bonne ou mauvaise suivant que les exportations dépassent les importations ou que les importations dépassent les exportations. Telle est en deux mots la théorie de la balance du commerce.

J'ai là, sous les yeux, les chiffres des importations et des exportations de la France, d'après la statistique des douanes pour l'année 1899 :

Les importations se sont élevées à..   4 milliards 518 millions
Les exportations à   4   —   152   —

Différence en faveur des importations.   366 millions.

Si l'on adopte la théorie de la balance du commerce, la France, dans cette seule année 1899, aurait subi de ce chef une perte de 366 millions et, par conséquent, le change aurait dû lui être défavorable, ce qui ne s'est pas produit.

Cette théorie est fausse et, avant de vous le démontrer, laissez-moi vous citer ce fait que l'Angleterre importe toujours beaucoup plus qu'elle n'exporte — pour la seule année de 1900, l'excédent de ses importations sur ses exportations dépasse 4 milliards de francs et c'est là une situation à peu près normale. D'après la théorie de la balance du commerce, l'Angleterre perdrait donc tous les ans 3 ou 4 milliards ; à ce prix elle devrait être ruinée depuis longtemps et, cependant, c'est peut-être, après les États-Unis, le pays le plus riche du monde et le change ne lui a pas été défavorable depuis de longues années.

Il ne faut pas cependant s'en tenir à la démonstration par l'absurde ; vous devez entrer plus tard dans l'administration et il est nécessaire que je vous donne quelques détails sur des statistiques de douanes, la manière dont elles sont établies et le compte qu'on doit en tenir. Ce sont des indications très précieuses, qui rendent tous les jours de grands services, à condition qu'on ne veuille pas leur demander plus qu'elles ne peuvent donner.

Vous saurez tous, Messieurs, que, depuis 1892, notre régime douanier est basé non plus sur la valeur des objets mais sur le poids. Quand une marchandise entre en France, ou dans les colonies, l'importateur déclare donc sa nature, sa qualité et son poids ; ce sont là les éléments indispensables pour la perception du droit de douane ; quant à la valeur, il ne la déclare pas toujours. S'il la déclare, sa déclaration n'a pas toujours une grande importance, étant donné qu'il n'a aucun intérêt à faire une déclaration exacte ; s'il ne la déclare pas, il y est suppléé d'office par les employés et, ici encore, cette estimation peut être très inexacte, car les employés ne sont ni des experts ni des commerçants, et ils ne peuvent pas suivre exactement toutes les fluctuations de prix des marchandises.

A plus forte raison, les inexactitudes se produisent-elles pour l'estimation des exportations, dans les pays où, comme en France, les opérations ne supportent aucun droit de douane. Les constatations sont encore plus sommaires et les chances d'erreurs plus grandes.

Mais il y a encore d'autres raisons de ne pas attacher plus d'importance qu'il ne convient à ces statistiques : à l'importation, l'estimation portée dans les tableaux de la douane comprend la valeur de la marchandise augmentée de divers accessoires tels

que les frais de transport, les commissions des courtiers, etc...,
à la sortie, ces accessoires ne sont pas compris ; on voit donc que
si l'on compare l'entrée et la sortie, l'importation et l'exportation
d'une même marchandise, la valeur donnée à l'importation sera
toujours supérieure à celle donnée à l'exportation, et cela, en
vertu d'un principe fort juste en lui-même, qui consiste à déterminer la valeur actuelle de chaque marchandise. Le résultat n'en
sera pas moins de fausser les conclusions qu'on prétendrait tirer
de cette comparaison. Voici d'ailleurs deux exemples qui, mieux
que tous les raisonnements, vous démontreront la faiblesse du
système de la balance du commerce.

Un négociant de Bordeaux expédie en Angleterre, dix pièces
de vin valant 200 francs la pièce. La douane portera dans la
colonne des exportations une valeur de 2.000 francs. Il vend son
vin à Londres 250 francs et fait acheter en retour par son correspondant du charbon pour 2.500 francs. Ce charbon revenu à
Bordeaux est déclaré valoir 3.000 francs, parce qu'il a dû supporter
des frais de courtage et en outre le fret de Londres en France.

Si l'on s'en tient à la statistique de la douane, le commerçant
a fait sortir une valeur de 2.000 francs ; il a importé une valeur
de 3.000 francs ; la balance du commerce verrait là une perte de
1.000 francs. Et cependant cette perte n'existe pas, puisque le
négociant n'a fait qu'échanger un produit contre un produit ; on
doit même supposer, s'il est bien au courant de la situation des
deux places, qu'il n'a fait l'opération que parce qu'elle devait lui
donner un bénéfice.

Poussons les choses plus loin ; un navire sort d'un port de
commerce avec une cargaison évaluée un million. Il vient à se
perdre corps et biens à la sortie du port. La douane n'en aura
pas moins constaté une exportation d'un million qui, suivant la
théorie de la balance du commerce, constituerait un avantage
pour le pays exportateur, alors qu'il y a là une perte incontes-
table. Vous comprenez maintenant, Messieurs, l'erreur que l'on
commet en voulant trop demander aux statistiques de douane.
Si vous aviez la curiosité de comparer la quantité et la nature des
marchandises françaises, sortant de France pour aller en Belgique
d'après la statistique française avec les mêmes éléments de la
statistique belge, vous seriez étonné de ne trouver aucune concordance. Moi-même, il y a quelques années, dans la gare de

Ghardimaou où fonctionnent côte à côte la douane française d'Algérie et la douane tunisienne, composées l'une et l'autre d'agents français soumis à des règles administratives analogues, j'ai constaté que les écritures de sortie d'une douane n'avaient pas un rapport très étroit avec celles de l'autre. Et il s'agissait là de désignation de matières et de poids, et non pas de l'appréciation de leur valeur, chose beaucoup plus délicate. La statistique, Messieurs, n'a d'intérêt que par la manière dont elle est faite, bien établie sur un point, médiocrement sur un autre, mal sur un troisième, elle donne des indications, mais non pas des certitudes, et il est aussi dangereux de la repousser par principe que de l'accepter sans contrôle. La théorie de la balance du commerce ne peut donc être que fausse, quand elle se borne à tenir compte des importations et des exportations de marchandises ; elle peut devenir juste si l'on entend ces mots dans un sens très général, si on les considère comme des synonymes de *balance entre l'ensemble des créances et des dettes d'un pays.*

Il y a un siècle, quand cette théorie était en grande faveur, les divers peuples séparés par la difficulté des communications n'avaient entre eux que des rapports assez limités ; le commerce était restreint, le crédit public naissait à peine et les valeurs mobilières n'existaient pour ainsi dire pas ; la théorie de la balance du commerce, entendue comme on le faisait alors, était donc beaucoup moins inexacte qu'elle ne l'est devenue aujourd'hui ; mais, même à cette époque, il est un autre point où elle péchait déjà ; c'est en ce qui concerne les lingots d'or ou d'argent et les monnaies. Le mouvement des métaux précieux figure comme celui de toutes les marchandises dans les statistiques de la douane, mais il n'affecte pas la situation générale du change d'un pays dans le même sens que les importations et les exportations de marchandises. D'après la théorie de la balance du commerce, toute exportation de marchandise enrichit le pays exportateur, et toute importation l'appauvrit. Il est facile de se rendre compte qu'il faut appliquer la règle inverse aux mouvements des métaux précieux ou monnaies ; c'est ici l'exportation qui appauvrit, puisqu'elle fait sortir du numéraire, et l'importation qui enrichit, puisqu'elle en fait entrer. Voilà donc une première cause de rectification à la théorie de la balance du commerce, c'est qu'il faut distraire de cette balance les mouvements de métaux précieux, autrement dit qu'il faut établir une balance spéciale pour eux, balance dont les éléments seront les mêmes que ceux de la balance des marchandises, mais agiront en sens inverse, l'exportation d'or ayant le même résultat qu'une importation de marchandises et l'importation d'or équivalant à une exportation de produits. C'est ce qu'en mathématiques on appelle une quantité de signe contraire.

Une seconde cause de rectification des statistiques de douanes, ce sont les mouvements d'importation et d'exportation occultes, dont aucun document officiel ne peut rendre compte, parce qu'ils échappent à toute appréciation. Ces mouvements occultes sont de différentes sortes. Je ne m'arrêterai pas longtemps sur la contrebande, bien que le règlement de ces opérations puisse se faire de la même manière que celui des transactions régulières. Lorsqu'un commerçant libelle un effet « valeur reçue en marchandises », rien ne peut révéler si ces marchandises sont entrées en fraude ou si elles ont acquitté les droits. L'importance de la contrebande varie suivant une foule de causes dont les principales sont l'élévation des droits de douane, le mode de garde des frontières, leur disposition topographique, etc., etc..., il est donc impossible de raisonner sur ce point d'une manière générale, mais il était nécessaire de l'indiquer, car, dans certains cas, elle peut avoir des conséquences qui ne sont point négligeables.

Une seconde nature de mouvements occultes de valeurs n'est pas sans intérêt; nous voulons parler des mouvements de numéraire ou de marchandises transportés sur la personne même ou dans les bagages des voyageurs. Si les agents des douanes visitent les colis des voyageurs à leur entrée dans un pays ou à leur sortie, la statistique n'en fait cependant point mention ; à fortiori ne scrutent-ils pas le porte-monnaie ou le portefeuille de tous ceux qui passent les frontières, et ces éléments ne sont pas toujours sans importance. Toutes les douanes admettent en franchise les habits, vêtements et effets usagés. Dans un pays comme la France, dont la réputation de goût est universelle, combien de riches étrangers viennent acheter des objets de luxe, des objets d'art, des bijoux qu'ils emportent ensuite chez eux dans leurs bagages, sans que cette exportation occulte, qui cependant est très profitable à notre pays, laisse de trace nulle part.

Nous venons de parler de l'argent importé par les voyageurs, mais aujourd'hui surtout on tend de plus en plus à éviter les déplacements matériels de numéraire ; l'usage des remises au moyen de traites, de chèques, de mandats-poste s'est tellement développé qu'il y a là un nouvel élément qui vient influer sur le change. Dans les pays comme la France, l'Italie, la Suisse, qui sont visités chaque année par de nombreux touristes étrangers ou par des familles qui viennent y faire des séjours prolongés, il a une réelle importance. L'étranger n'apporte en effet avec lui la plupart du temps qu'une somme peu élevée ; il reçoit des fonds de son banquier, et celui-ci est obligé soit de faire des remises en France à un de ses correspondants, soit de laisser ce correspondant français tirer sur lui. Dans l'un et l'autre cas, le résultat au point de vue du change est le même, il constitue pour la France une créance sur l'étranger et par conséquent améliore la situation de notre pays en lui rendant le change favorable.

Dans l'ancien comme dans le nouveau monde, la sociabilité des Français a une certaine réputation ; il ne nous appartient pas de dire si elle est justifiée, mais ce que nous pouvons constater, Messieurs, c'est qu'à défaut de toute autre considération d'une nature plus raffinée, notre vieux renom d'urbanité a une valeur commerciale appréciable et que l'affabilité n'est pas un mauvais placement. La démonstration évidente de ce fait, un pays voisin nous la fournit et il est plus facile de l'y observer que chez nous, à cause de l'exiguité du pays et de la régularité du moment où se produit la venue des étrangers. Je veux parler de la Suisse où ils affluent pendant les trois ou quatre mois d'été ; pendant cette période le change est au pair, tandis que durant les autres mois il se tient légèrement au dessous du pair. C'est là le résultat de l'afflux des capitaux apportés par les voyageurs.

En consultant les statistiques de l'Office postal international de Berne, nous aurions à faire des constatations analogues. Vous savez qu'en fin d'exercice chaque nation règle avec les autres le compte des mandats-poste internationaux ou des transferts de Caisse d'épargne postale qu'elle a payés ou émis. Il en résulte un solde débiteur ou créditeur qui après liquidation doit faire l'objet d'un paiement. Je n'ai point de chiffres sous les yeux, mais je serais bien étonné si le solde définitif de ces opérations ne nous était pas défavorable et ne venait pas atténuer les bénéfices que je viens de vous indiquer précédemment. Chaque année, en effet, nous voyons venir en France à des époques fixes des ouvriers belges qui louent leurs bras pour la moisson, des terrassiers piémontais qui travaillent sur les chantiers de travaux publics, dans les vignobles du midi, etc... Ces ouvriers envoient la plupart du temps leurs économies dans leur pays d'origine par l'intermédiaire de la poste, et il me souvient d'avoir constaté il y a une vingtaine d'années que les envois de fonds de ce genre faits du seul département de la Corse en Italie dépassaient 800.000 francs par an.

Notre population n'étant pas surabondante et notre pays étant plus riche que les provinces limitrophes, il est évident qu'il n'entre en France par le moyen de la poste qu'une somme de salaires bien inférieure à celle qui en sort.

Nous arrivons, Messieurs, à une cause de variation du change beaucoup plus considérable et qui n'a d'égale en importance que celle qui résulte des importations et des exportations de marchandises. Je veux parler du mouvement des valeurs de Bourse, titres de rentes sur les divers États, actions de sociétés de banque, de commerce ou d'industrie, obligations de ces mêmes sociétés, parts d'intérêts, etc.

Du jour où il est entré dans les mœurs de considérer la propriété d'une mine, d'un chemin de fer comme représentée par de simples morceaux de papier, appelés titres, du jour où cette propriété a été mobilisée, c'est-à-dire rendue facilement transportable, on peut dire qu'une nouvelle monnaie a pris naissance et qu'elle s'est fréquemment, dans le mécanisme des échanges, substituée à l'ancienne. C'est là un élément considérable de richesse, mais en même temps un véritable danger, car la monnaie a sa valeur propre, qui est attestée par l'empreinte de l'État qui l'a frappée et cette empreinte la garantit. Le titre au contraire n'a de valeur que s'il est la représentation d'une propriété ou d'une créance réellement existante, et rien ne permet à première inspection de distinguer un titre présentant des garanties de premier ordre d'un titre qui n'est qu'un simple chiffon de papier. Le danger des spéculations sur les titres et des crises qui peuvent en résulter est donc considérable, bien plus considérable que celui qui résulte des spéculations commerciales. Quoi qu'il en soit des avantages et des inconvénients des valeurs mobilières, elles exercent sur le change une action très grande et cette action opère dans le même sens que les mouvements de numéraire; il existe toutefois entre le titre et le numéraire une différence capitale, c'est que le titre est productif d'intérêts.

Examinons donc quel est l'effet produit par un mouvement de titres, un emprunt par exemple : Dans ces dernières années, la Russie a contracté divers emprunts en France, c'est-à-dire qu'elle a tiré de France une certaine somme pour l'introduire chez elle. Lorsqu'il contracte un emprunt public, l'emprunteur n'exige pas le versement de cet emprunt en une seule fois; il l'échelonne, en cinq, six, dix fractions dont il fixe les échéances suivant l'urgence de ses besoins. Chaque fois qu'un versement s'effectue, une quantité de numéraire ou de papier équivalent à un numéraire pénètre chez l'emprunteur, par conséquent elle augmente sa richesse et fait diminuer le change défavorable. D'autre part, le pays qui prête ne pouvant être qu'un pays riche, et l'emprunt ne se réalisant que par fractions, les exportations de capitaux n'ont pas d'effet très sensible sur son change qui est favorable; tout au plus peuvent-elles le faire baisser d'une quantité insignifiante. Supposons qu'un milliard ait été ainsi transporté de France dans un pays étranger en sept ou huit fractions. Chacun de ses transports a dû influencer le change, mais une fois que le transport est achevé, l'influence cesse.

La première partie de l'opération est terminée, la seconde commence. A moins que l'on n'ait prêté à un pays insolvable, auquel cas le capital et les intérêts sont définitivement perdus, l'emprunt est productif d'intérêts, et ces intérêts doivent rentrer dans le pays qui a prêté; il en résulte un mouvement de capitaux en sens inverse du premier et qui a pour effet de rendre favorable, s'il ne l'est déjà, le change au pays prêteur. On peut dire que l'opération complète est figurée assez exactement par un fleuve qui reviendrait vers sa source en mille petits canaux différents ayant ensemble un volume d'eau supérieur à celui de la source même.

Ainsi, lorsque la Russie a contracté récemment des emprunts en France, le premier effet de ces emprunts a été d'améliorer son change qui était défavorable, par une introduction d'or ou de valeurs équivalentes à l'or; mais tous les ans elle verse à nos nationaux 2 ou 300 millions d'intérêts et ces versements ont pour effet de nous conserver un change constamment favorable, pusqu'ils font entrer 2 à 300 millions de numéraire en France.

La France, vous le savez tous, Messieurs, est le banquier de nombreux États étrangers, trop nombreux certainement, car quelques-uns ne sont pas des débiteurs exemplaires; nous avons prêté à la Russie, à l'Autriche, à l'Espagne, à l'Italie, à la Turquie, au Brésil, à la République argentine, et à bien d'autres États, et ces placements indépendamment des titres industriels, s'élèvent à un nombre respectable de milliards; chaque année les intérêts de ces placements rentrent en France et contribuent à nous maintenir dans la bonne situation où nous nous trouvons au point de vue du change.

Je vous disais plus haut, qu'en 1899, nos importations avaient dépassé nos exportations de 366 millions, ce qui d'après la théorie de la balance du commerce, auraitdû nous appauvrir de pareille somme. Mais rien qu'en Russie, en Espagne et en Italie, nos placements s'élèvent à plus de 10 milliards. A 4 %, l'intérêt de 10 milliards est de 400 millions, par conséquent, trois seulement de nos débiteurs ont fait entrer en France une somme supérieure à celle de 366 millions que nous aurions perdue d'après la balance du commerce.

Voilà, Messieurs, la raison pour laquelle des pays riches comme la France et l'Angleterre peuvent impunément importer plus qu'ils n'exportent.

Supposons au contraire un pays relativement pauvre, comme l'Espagne, dont une partie importante de la dette est entre les mains des étrangers, chaque fois qu'elle doit payer un coupon de sa rente, il sort de son territoire une partie de son numéraire et comme sa monnaie est dépréciée, elle doit pour faire face à chaque échéance, acheter de bonne monnaie, c'est-à-dire de l'or. Pour payer une dette de 100 francs, elle doit dépenser 130 à 135 francs. Je n'ai pas besoin d'insister pour vous faire remarquer combien cette situation est fâcheuse.

Il existe une autre catégorie de créances qui agit sur le

change dans le même sens que les intérêts d'emprunts, ce sont les commissions, les courtages, les frais de transport, etc. Il est facile de voir quel parti peut tirer d'une pareille situation une nation maritime comme l'Angleterre, qui transporte en tous pays des marchandises pour le compte de tous les peuples ; elle acquiert ainsi sur eux des créances qui ne peuvent que contribuer à lui rendre le change essentiellement favorable.

Vous vous souvenez, Messieurs, qu'au début de cette conférence je vous indiquais, comme moyen de régler les dettes de peuple à peuple, les effets de commerce que je distinguais en effets courts et effets longs ; pour ces derniers surtout viennent s'ajouter aux causes ordinaires de variation du change, deux causes spéciales : la confiance dans la solvabilité du débiteur et surtout le taux de l'intérêt. La déduction qu'on doit opérer quand on achète au comptant, un effet payable dans un délai plus ou moins éloigné varie suivant le taux de l'intérêt dans le pays débiteur ; si ce taux est en hausse, on paiera l'effet moins cher ; s'il est en baisse, on devra débourser une plus forte somme. Si par exemple vous tirez de la Réunion sur la France un effet de 100 francs payable en France, le résultat ne sera pas du tout le même que si vous tirez de France un effet de 100 francs payable sur la Réunion, car en France le taux de l'intérêt est de 4 %, tandis qu'à la Réunion il oscille entre 6 et 9 %.

Cette différence de taux entre deux pays peut exercer une influence sur le change, même en dehors de la question d'escompte, elle peut avoir de l'influence sur les effets courts, sur lesquels la déduction à opérer pour l'escompte est insignifiante et voici comment :

Supposez que le taux de l'escompte soit de 3 % à Paris et de 6 % à Londres ; les débiteurs parisiens auront tout intérêt à acheter du papier court pour se libérer le plus tôt possible et ne pas payer 6 %. De même, des capitalistes parisiens pourront faire passer des capitaux en Angleterre pour se procurer un bon placement. Inversement, les créanciers parisiens n'auront pas intérêt à vendre le papier anglais qu'ils pourraient avoir, car ils n'ont pas d'avantage à employer leurs fonds à Paris où le taux de l'intérêt est bas. Ainsi la demande des effets courts sera grande et l'offre très restreinte. Si la place de Paris a plus de dettes à Londres que de créances, l'effet de cette pénurie de moyens de remise sera d'augmenter le taux du change. Si au contraire elle a plus de créances que de dettes, la rareté du papier sur le marché viendra en atténuation du cours du change. Ce que nous venons de dire des effets courts s'applique *a fortiori* aux effets longs.

Les fluctuations dans le prix des effets courts ont pour limite un point que je vous indiquerai bientôt; celles des effets longs au contraire sont beaucoup plus considérables, parcequ'elles correspondent aux variations dont les causes sont beaucoup plus nombreuses à mesure que l'époque de l'échéance est reculée.

Il me reste enfin, Messieurs, à vous parler d'une autre cause d'influence sur le change, cause purement accidentelle locale et temporaire. Vous pouvez imaginer tel pays dont la production soit exclusivement agricole et dont la consommation porte sur toutes les denrées; en ce pays, l'exportation se fera pendant une assez courte période suivant la récolte. Que ce soit celle du blé en Russie, en Hongrie ou dans l'Inde, ou celle de la canne dans nos colonies sucrières, peu importe. Voici donc un pays qui est obligé d'introduire chez lui des produits étrangers pendant tout le cours de l'année et qui ne peut vendre les siens que pendant quelques mois. Le change variera donc sensiblement au grand détriment de ce pays; il pourra lui être favorable au moment où on lui paiera sa récolte et défavorable le reste du temps. Les commerçants et les banquiers habiles remédient à cette situation en tâchant d'échelonner leurs ventes, mais ce moyen peut-être insuffisant et on doit recourir à un autre. Dans ce cas, on peut user de ce que l'on appelle des effets *tirés en blanc*, c'est-à-dire des effets qui ne correspondent à aucune opération antérieure. Lorsqu'un commerçant souscrit un effet ordinaire, il a pour but de se libérer d'une dette contractée; au contraire, lorsqu'il souscrit un effet tiré en blanc, il a en vue de contracter une obligation. A cet effet, les banquiers du pays qui manque de papier pendant une certaine période, tirent sur leurs correspondants; ils liquident plus tard cette dette en achetant des effets tirés contre exportation de marchandises et en les transmettant aux correspondants sur lesquels ils ont tiré en blanc qui se couvrent ainsi de leurs avances. Vous verrez, Messieurs, le procédé employé d'une manière courante dans nos colonies sucrières; je prends pour exemple la Réunion, où la culture dominante est celle de la canne à sucre.

On y divise l'année commerciale en deux parties : la coupe et l'entrecoupe. Le sens de ces mots s'explique de lui-même. L'entrecoupe, qui commence vers la fin de décembre, est la période où toutes les cannes étant coupées, on fabrique le sucre. On ne peut vendre le produit fabriqué avant plusieurs mois ; indépendamment de la durée de la fabrication, il faut correspondre avec la métropole pour vendre ce produit, l'acheminer sur le lieu d'embarquement et enfin l'embarquer. Toutes ces opérations ne permettent de tirer sur la France que vers le mois d'avril ou de mai, car le commerce de France n'admet guère que les traites *documentaires*, c'est-à-dire celles auxquelles est jointe une des copies du connaissement, copie qui donne toute sa valeur à la traite, car elle constitue une garantie en marchandises. De décembre à avril, on ne trouve donc pas de traites sur la France ; c'est dans cette période que pour satisfaire aux besoins du commerce local la Banque tire en blanc (on dit aussi tire à découvert) sur le Comptoir d'Escompte, son correspondant. Lorsque le moment de l'émission des traites documentaires arrive, la Banque les achète et les transmet au Comptoir d'Escompte pour le couvrir de ses avances.

Vous comprenez, sans qu'il soit nécessaire que j'insiste plus longuement, que la traite en blanc a une tendance à empêcher la hausse du change, mais c'est un instrument d'un maniement extrêmement délicat, c'est en quelque sorte une arme à double tranchant. La traite en blanc, si on en abuse, a surtout pour effet de discréditer le tireur, et alors elle aboutit à l'effet inverse de celui que l'on veut obtenir. Il faut donc la contenir dans des limites très étroites, que seuls peuvent tracer ceux qui ont une connaissance approfondie du marché sur lequel elles opèrent ; autrement le remède serait pire que le mal.

Voilà, Messieurs, l'exposé aussi sommaire que possible des causes d'ordre économique qui peuvent influer sur le change. Pour bien préciser avant d'aborder l'examen des causes d'ordre budgétaire, je vais vous les présenter dans un tableau synoptique qui vous indiquera dans quel sens agit chacune d'elles ; vous aurez ainsi un petit memento qui vous aidera à vous souvenir des explications qui précèdent.

J'appelle causes favorables celles qui font entrer de l'argent dans un pays, causes défavorables celles qui en font sortir :

Causes favorables.	*Causes défavorables.*
Exportations publiques ou occultes de marchandises.	Importations publiques ou occultes de marchandises.
Importation de numéraire.	Exportation de numéraire.
Salaires acquis à l'étranger.	Salaires payés à l'étranger.
Présence de voyageurs étrangers.	Nationaux voyageant au dehors.
Importation de titres ou valeurs mobilières.	Exportation de titres ou valeurs mobilières.
Intérêts de valeurs payés (pays créancier).	Intérêts de valeurs (pays débiteur).
Commissions, courtages, prêt, assurance (pays créancier).	Commissions, courtages, prêt, assurance (pays débiteur).
Baisse du taux de l'intérêt sur le marché national.	Hausse du taux de l'intérêt sur le marché national.
Hausse du taux de l'intérêt sur le marché étranger.	Baisse du taux de l'intérêt sur le marché étranger.

Cause temporaire : Tirages en blanc.

J'ai supposé jusqu'à présent, pour rendre cet exposé plus clair, que le règlement des engagements internationaux se faisait directement entre le pays de provenance et le pays de destination. Il s'en faut cependant que les choses se passent toujours ainsi, et l'on peut voir dans une affaire qui n'intéresse en définitive que deux pays, s'introduire un ou deux intermédiaires. Les principes que je vous ai exposés n'en souffrent aucune atteinte, mais il faut bien que j'ouvre une courte parenthèse pour vous expliquer le mécanisme qui consiste à rendre parfois obligatoire l'intervention d'un troisième pays. Je me borne à vous donner deux exemples.

La Réunion consomme annuellement pour trois millions de francs de riz et de blé, qu'elle tire de l'Indo-Chine et d'Australie, mais elle n'exporte rien dans ces pays et n'y a aucune relations commerciales ; elle est donc obligée d'emprunter une voie indirecte ; en fait, pour acheter à Melbourne ou à Saïgon, elle doit passer la plupart du temps par l'intermédiaire d'une place française, ou Paris Marseille. Le marchand australien ou indo-chinois tirera donc sur le négociant de Paris ou de Marseille, et celui-ci se remboursera au moyen de l'effet souscrit à son profit par l'importateur de sucre de la Réunion.

On pourrait citer une opération analogue lorsqu'une place a le privilège d'être le grand marché d'un produit quelconque. Ainsi Londres est le marché presque exclusif du thé; le négociant de Shangaï qui voudra vendre directement en Italie ou en Espagne, fera intervenir la place de Londres dans son opération. L'intervention d'un tiers dans des opérations de cette nature n'est pas gratuite, comme vous le comprenez facilement; elle majore le change d'une légère quantité représentant la rémunération de l'intermédiaire; mais si celui-ci émettait des prétentions exagérées, le commerce chercherait un autre moyen de se passer de lui. Son intérêt bien entendu lui conseille donc de se tenir dans des limites raisonnables. Quoi qu'il en soit d'ailleurs, c'est là une simple question de fait qui influe sur la quotité du change, mais non pas sur les principes généraux que je vous ai exposés.

IV

Nous voici maintenant arrivés, Messieurs, à la dernière catégorie de causes qui influent sur le change, à la situation budgétaire du pays. Toutes les fois qu'un État voit son budget en déficit d'une manière permanente, et qu'il a épuisé toutes les sources de revenus imposables, il arrive fatalement à la nécessité d'un emprunt pour réaliser l'équilibre, et vous savez que la conséquence d'un emprunt, dans un pays peu prospère, consiste à payer tous les ans des intérêts aux pays étrangers, Vous avez vu que le paiement de ces emprunts nécessite des exportations de numéraire et par conséquent appauvrit le pays emprunteur.

Il ne suffit pas, Messieurs, pour qu'un budget soit en équilibre, que les recettes et les dépenses se balancent exactement; il faut surtout que cet équilibre soit réel, c'est-à-dire que les recettes soient bien des recettes normales et non des emprunts déguisés. Dans les dernières années qui ont précédé la chute de son empire colonial, les budgets espagnols faisaient apparaître des excédents de recettes, mais cette situation était purement artificielle. Les ressources d'un budget ne suffisaient pas à couvrir ses dépenses, il fallait avoir recours aux emprunts publics ou occultes, et cet équilibre factice n'était obtenu qu'au détriment des contribuables. La dette coloniale notamment s'enflait rapidement et bon nombre de personnes, au delà des Pyrénées, ne sont pas loin de penser que la perte de ses colonies a été un bien pour leur pays.

Quoi qu'il en soit d'ailleurs de cette opinion, il est certain que l'obligation pour un pays pauvre d'emprunter continuellement ne faisait qu'empirer sa situation ; en effet, les capitaux peu abondants dans le pays, venaient presque tous du dehors, le Trésor espagnol se trouvait donc obligé de payer tous les ans des intérêts de plus en plus importants à l'étranger et par suite, le commerce de la Péninsule n'augmentant pas dans les mêmes proportions, il devait acquérir des moyens de faire passer cet argent (c'est ce qu'on appelle des moyens de remise), il devait, dis-je, les acquérir à des conditions de plus en plus onéreuses.

Par le simple effet de la loi de l'offre et de la demande, l'Espagne devrait donc payer ses remises à un prix plus élevé que la somme qu'elle avait réellement à verser pour le service des intérêts de sa dette. Cette différence constituait une cause de perte en change.

La même situation s'est présentée pour l'Italie ; après l'établissement de l'unité italienne, les budgets avaient présenté pendant une vingtaine d'années des déficits considérables résultant des nombreuses réformes accomplies dans le pays et de la création de l'outillage nécessaire à un grand État. Grâce à une politique prudente l'amélioration devint très sensible et vers 1885 le change s'était grandement amélioré en même temps que les budgets s'équilibraient. Un changement complet de politique commença à se dessiner vers 1888 ; l'Italie augmenta considérablement ses dépenses militaires et se lança dans la voie des expéditions coloniales ; les déficits reparurent normalement dans les budgets et le change subit une dépréciation qui dépassa 11 %. C'est ce que nos voisins ont appelé la période de mégalomanie. Vous voyez ce qu'elle a pu leur coûter. Depuis 1896, les excédents de recettes ont reparu au budget et le change est devenu à peu près insignifiant.

L'exemple de l'Espagne vient de nous montrer l'influence fâcheuse exercée sur le change par des déficits budgétaires devenus habituels; l'emprunt en est la conséquence et l'emprunt sous toutes ses formes. Il y a en effet, l'emprunt ostensible, celui qui s'adresse ouvertement au public, que tout le monde connaît et dont on peut facilement apprécier les conséquences, et l'emprunt occulte qui se manifeste sous diverses formes, notamment sous celle de conventions avec les Banques d'émission. Ce dernier, Messieurs, est particulièrement dangereux aussi bien au point de vue du crédit public qu'au point de vue du crédit de la Banque elle-même. Car, vous vous le rappelez sans doute, nous avons vu, en parlant des causes d'origine monétaire, qu'il conduit à l'augmentation exagérée de la circulation et au cours forcé, dont l'effet habituel est la dépréciation du billet.

Ainsi, Messieurs, la situation budgétaire exerce sur le change, une influence indéniable. En dehors de toutes les considérations de bonne administration et d'équité qui imposent une exacte prévision des recettes et des dépenses, une vigilance constante pour le recouvrement des premières et un contrôle sévère pour l'engagement et le paiement des secondes, les administrateurs ont un intérêt personnel, vous le verrez bientôt, à maintenir l'équilibre du budget, car ils sont les premiers à souffrir du change.

Vous pouvez maintenant, Messieurs, vous rendre compte par vous-mêmes des phénomènes qui se sont produits dans ces dernières années et dont l'un des plus intéressants est, sans contredit, la transformation financière de la Russie.

Depuis près de vingt ans, ce pays avait une bonne situation budgétaire; tous ses budgets présentaient des excédents parfois considérables. (Celui de 1901 donne un excédent de 144 millions de roubles, près de 400 millions de francs, celui de 1902 présente un excédent de 123 millions de roubles, environ 330 millions de francs.) Sa situation économique était non moins prospère, l'exposé du ministre des finances, pour le budget de 1900, indique qu'en vingt ans la valeur de la production nationale a passé de 541 millions de roubles à 1.810 millions, c'est-à-dire plus que triplé. Le numéraire seul manquait, des emprunts à l'étranger l'ont procuré, ils ont servi à accumuler un stock d'or qui, aujourd'hui, est l'un des plus importants du monde, il dépasse 4 milliards de francs, et ont permis, c'est là le point qui nous intéresse spécialement, de réduire à de faibles proportions les oscillations du change qui avaient été autrefois si considérables et si désastreuses pour ce pays.

En Espagne, au contraire, la situation du change est mauvaise parce que les trois grandes catégories de causes défavorables se sont trouvées réunies pendant ces dernières années : budgets en déficit, dettes envers l'étranger supérieures aux créances, lourde dette publique résultant d'emprunts faits à l'étranger, enfin, circulation fiduciaire et monétaire dépréciée. Nous aurons à faire des applications analogues des principes que je viens de vous exposer en examinant la situation de certaines de nos colonies.

J'ai négligé, Messieurs, de vous parler d'une dernière cause qui influe sur le crédit des nations et par conséquent sur les changes et cependant je ne puis la passer sous silence. Essayer de chiffrer son influence, serait impossible aux économistes les plus distingués; vous dispenserez donc de le faire un économiste d'occasion; mais personne n'oserait la contester. Cette cause est particulièrement importante dans un pays où l'on a l'esprit vif, l'imagination prompte, et où on ne se pique pas toujours d'une grande persévérance dans les idées. Vous pensez bien que je veux parler de nous, Messieurs, et je ne pousse pas plus loin le portrait. Cette cause, c'est *l'opinion* qu'on se fait du crédit de tel ou tel pays, opinion basée pour les économistes et les hommes d'affaires sur les plus savants calculs et les études les plus approfondies, mais déterminée souvent pour ceux qui ne possèdent ni le secret des chancelleries, ni celui des banques, par une impression, par un incident, parfois par un de ces inexplicables caprices que les peuples connaissent tant comme les individus. Du jour au lendemain, le crédit de tel pays, hier porté aux nues, est immédiatement décrié; en matière commerciale, le mouvement ne se produit que lentement, mais sur le marché des valeurs, à la Bourse dont l'impressionnabilité est plus grande, il se manifeste plus vite et plus profondément. En quelques instants peut ainsi se créer sur les fonds de tel ou tel État un courant de ventes contre lequel rien ne peut prévaloir et qui, en discréditant l'État débiteur, amène quelque fois des crises financières dont l'un des premiers signes est l'établissement d'un change défavorable.

Avant de passer à l'examen des effets du change, je vais vous indiquer les limites entre lesquelles peuvent se mouvoir les oscillations du change. Comme je vous le disais en commençant, c'est toujours la loi de l'offre et de la demande qui domine la question du change. Si les habitants d'un pays A ont à tirer plus de traites sur un pays B, que les habitants de ce dernier n'ont à en acheter pour se libérer envers le pays A, ils se trouveront en concurrence pour la vente de leurs traites et par conséquent vendront à perte ; si au contraire ils en ont moins, ils vendront au-dessus du pair. Cependant, la perte ou le gain ne sont pas illimités. Si par impossible les prétentions des banquiers qui détiennent les effets devenaient exorbitantes, les débiteurs, au lieu de se libérer en papier de commerce, pourraient avoir intérêt à expédier du numéraire pour payer leurs créanciers. Le prix de transport du numéraire, lorsqu'il s'agit d'effets formulés en monnaies de même étalon, marque donc la limite des oscillations du change.

Entre pays ayant le même étalon, la règle peut donc se formuler de la manière suivante :

Maximum du change = pair + frais de transport.

La limite du prix d'achat d'un effet sur l'étranger est ce qu'on appelle le *point d'or*. Ici *point de sortie*.

De même en sens inverse, si les créanciers sont obligés de vendre leurs effets au-dessous du pair, ils supportent une perte ; si celle-ci devenait trop importante, ces créanciers pourraient avoir intérêt à se faire expédier de l'or par leurs débiteurs étrangers. C'est le *point d'entrée* de l'or.

Minimum = pair — frais de tranport.

(Ces frais comprennent la dépense matérielle de transport, les assurances, la perte d'intérêt, etc.).

Si nous envisageons non plus les relations de deux pays ayant le même étalon, mais celles de deux pays à étalons différents, la situation devient toute différente. Il n'y a pas plus de limites aux variations du change qu'il n'y en a à celle de la valeur des métaux qui composent la circulation des deux pays. Qui pourrait, en effet, dans l'état actuel du marché de l'argent, se risquer à fixer les limites des variations de sa valeur par rapport à l'or ? A plus forte raison, ne peut-on assigner de limites aux oscillations du change entre un pays à étalon d'or et un pays soumis au régime de la circulation fiduciaire à cours forcé, car, ainsi que je vous l'expliquais dernièrement, la loi de Gresham fonctionne alors dans toute son étendue et la monnaie fiduciaire dépréciée chasse le peu de monnaie métallique qui reste encore dans le pays.

V

Nous connaissons maintenant suffisamment les causes de variation du change pour pouvoir étudier les effets de ces variations.

Pour les finances publiques, un change défavorable est la source de pertes importantes ; pendant l'exercice 1894-95, le budget de l'Inde a dû payer de ce chef une somme qui n'était pas inférieure à 150 millions de roupies, et ce fait a beaucoup contribué à déterminer l'Angleterre à introduire l'or dans sa grande possession asiatique. Je puis également vous citer l'exemple de l'Espagne ; à l'échéance de chaque coupon de rente extérieure, comme le paiement doit en être fait en or, et que le Trésor n'en possède pas une quantité suffisante pour le laisser dans la circulation, il doit en acheter à l'étranger, ce qui majore d'autant la charge de la dette publique pour le contribuable espagnol. Cette conséquence est tellement claire que je n'ai pas besoin d'insister plus longuement.

Tous les contribuables d'un pays à change déprécié sont donc atteints par la baisse du change, car leur part dans les dépenses publiques s'en trouve accrue. Si maintenant, nous voulons examiner l'effet du change par rapport aux producteurs et aux consommateurs, la question se complique et ne peut être résolue qu'à l'aide de distinctions assez nombreuses.

Il faut faire une première distinction suivant que l'on envisage le change entre deux pays à étalon d'or et un pays à étalon d'or et un autre à circulation avariée. Entre deux pays de même étalon, l'amplitude des oscillations n'est généralement pas très considérable et les effets sont relativement atténués ; il n'en est pas de même entre un pays à étalon d'or et un pays à circulation avariée, car l'importance du change y devient considérable.

Un point est tout d'abord évident, c'est que le change défavorable augmente le prix de toutes les denrées d'importation. Dans certaines de nos colonies, les négociants importateurs portent le montant du change sur leurs factures, mais presque partout ils se bornent à rehausser en conséquence les prix de leurs marchandises, procédé plus expéditif et qui donne lieu à moins de difficultés. Ce n'est pas du prix du change seul que le négociant prévoyant doit majorer ses prix, il doit prendre à sa charge les risques du change non seulement depuis l'époque où il achète jusqu'à celle où il vendra la marchandise, mais encore jusqu'au moment où il opérera ses recouvrements pour celles qu'il vend à crédit. Il conserve aussi la charge du change pendant quatre, cinq, six, huit, dix mois, suivant les usages locaux. Vous comprenez combien une telle situation devient hasardeuse lorsque le change subit de brusques variations ; l'affaire la meilleure peut devenir mauvaise. La conséquence toute naturelle des oscillations importantes du change, c'est que l'importateur majore fortement les marchandises importées, au grand détriment du consommateur. De tous les commerçants, celui qui souffre particulièrement est le banquier dont le risque est double ; il court, en effet, la chance de l'augmentation du change d'une part et de l'autre celle de l'insolvabilité des négociants dont il a escompté le papier, s'ils ne se sont pas suffisamment prémunis contre les effets des variations du change.

Parmi les marchandises d'importation, on doit distinguer ; les denrées de première nécessité, la farine, le riz, il faut bien se résigner à les importer et, par conséquent, à subir une perte. Pour les objets de luxe, la hausse des prix peut en diminuer la consommation dans une certaine mesure, ou même la faire disparaître, si elle est considérable. Quant aux produits que l'on tire du pays même, la hausse des produits similaires provenant d'importation agit en faveur des premiers à la manière d'un droit de douane ; elle leur confère une certaine protection. Voici comment : supposons qu'un pays produisant du blé valant 20 francs l'hectolitre ait besoin de faire appel à l'étranger pour lui fournir la quantité dont sa consommation excède sa production. Le blé étranger, tous frais payés, revient à 19 fr. 50 ; cette différence de 0 fr. 50 a pour effet de faire baisser le prix du blé indigène et par conséquent de constituer une perte pour les producteurs de blé et un gain pour les consommateurs. Si par l'effet du change défavorable, le prix du blé exotique se trouve élevé à 22 francs, ce qui suppose une hausse du change de 12 à 13 %, le blé indigène profite immédiatement de cette hausse du prix du blé exotique, au grand bénéfice des producteurs et au détriment des consommateurs. Et si le change se maintient plusieurs années à ce taux, les cultivateurs trouvant une rémunération sérieuse à vendre leur blé, peuvent être amenés ainsi à étendre les surfaces consacrées à la culture de cette espèce de céréales afin d'augmenter l'ensemble de leur production. Vous voyez donc, Messieurs, l'analogie qui s'établit entre la hausse du change et l'établissement d'un droit protecteur à l'importation.

Si nous laissons de côté le commerce d'importation pour aborder le commerce intérieur, la situation se modifie. Lorsque le change est défavorable d'une façon permanente, les transactions finissent par s'accommoder de cette situation, mais de manières différentes, suivant la nature des produits. Je vais passer rapidement en revue les effets du change sur l'agriculture, le commerce, l'industrie, les salaires et les revenus fixes.

L'agriculteur, qui borne sa production à la consommation locale, lorsqu'on n'introduit pas de produits similaires aux siens, reste à peu près indifférent aux questions du change ; il n'en éprouve le contre-coup que s'il est obligé d'acheter ses engrais, ses semences ou ses machines à l'étranger. Dans ce cas, il les paiera plus cher puisque le pouvoir libératoire de la monnaie locale est affaibli. Cette hypothèse est rare dans nos colonies, où l'agriculteur est presque toujours un indigène cultivant d'après des procédés assez sommaires, vivant des produits locaux et usant peu de produits importés.

Si, au contraire, le cultivateur travaille en totalité ou en partie pour l'exportation, il n'est plus insensible aux variations du change ; en effet, il paie les dépenses de production en monnaie locale dépréciée, et ses exportations en pays de bonne monnaie lui sont payées en or. Le faible taux des salaires lui permet d'ailleurs fréquemment d'offrir ses produits à un prix qui, tout en restant rémunérateur pour lui, lui facilite une concurrence victorieuse.

Le change n'influe donc pas immédiatement sur les productions locales ; son effet ne se produit qu'insensiblement et lentement, parce qu'en définitive toutes les transactions en pays de change défavorable finissent par être influencées, le producteur étant en même temps consommateur. Exemple : Une colonie produit du sucre qui revient en France à 25 francs, tandis que le même produit tiré d'un pays étranger ne revient qu'à 23 francs ; il est bien évident que le consommateur français n'ira pas payer 25 francs ce qu'il peut avoir pour 23 francs ; la colonie, pour vendre son sucre, devra donc perdre 2 francs afin de lutter avec la concurrence étrangère. Supposons maintenant que cette colonie ait un change défavorable s'élevant à 15 % ; le consommateur français n'aura à payer que 21 fr. 75 par suite de ce change, et les producteurs de la colonie pourront, au lieu de calculer leur prix de vente sur 25 francs (monnaie locale), le calculer sur 26 francs, chiffre qui, converti en monnaie française, donne environ 22 fr. 60, il reste par conséquent encore légèrement inférieur à 23 francs, prix du sucre étranger.

En ce qui concerne le commerce des produits locaux, la situation est analogue à celle de l'agriculture ; le change ne devrait pas l'influencer en théorie, mais souvent, en pratique, les commerçants augmentent le prix de ces produits, sinon dans la même mesure que les produits importés, au moins dans une certaine proportion.

En matière industrielle, le change ne paraît avoir qu'une influence assez lente sur le prix des objets destinés à la consommation intérieure. Pour ceux qui doivent être exportés, son influence peut être bonne et agir dans le même sens qu'une prime d'exportation. Cet effet se remarque plus particulièrement pour celles des industries qui ne nécessitent que la mise en œuvre de productions du sol ; en effet, ces productions sont payées en monnaie locale ainsi que les salaires, et, pour l'effet du change, cette monnaie est dépréciée. Comme exemple de ce genre d'industries, nous pouvons citer les filatures de coton, les mines, les sucreries, etc., dont la matière première est fournie par le sol même. Si, au contraire, l'industrie exigeait l'emploi de matières ou de capitaux tirés du dehors, le bénéfice résultant pour elle du change défavorable serait, pour une certaine part, compensé par la perte découlant de ces importations. L'exemple le plus frappant de cette catégorie d'industrie est celui des chemins de fer. Ils se trouvent presque fatalement condamnés à subir une perte ;

en effet leurs recettes se font exclusivement en monnaie locale dépréciée et leurs dépenses doivent pour une notable partie s'effectuer à l'étranger en monnaie d'or. C'est en effet l'étranger qui a fourni tout ou partie des capitaux qui manquaient dans le pays, c'est donc à lui qu'on doit payer des intérêts ; c'est souvent à lui qu'on doit acheter une partie des objets nécessaires à l'exploitation : machines, fers ou charbons, etc. De là une perte évidente.

Arrivons maintenant à l'influence du change sur les salaires : la solution de la question me semble beaucoup plus délicate, elle nécessite en effet une étude spéciale à chaque pays ; suivant la nature du travail, suivant les conditions expresses ou tacites du contrat de main-d'œuvre, enfin, selon que la main-d'œuvre est indigène ou fournie par des travailleurs venus de l'étranger, les effets varient profondément. Il faudrait d'ailleurs se livrer dans chaque pays à une enquête spéciale pour chercher à dégager la vérité, et de celles que j'ai pu me procurer ne me semblent pas ressortir des certitudes absolues. On peut envisager le travailleur à deux points de vue : comme producteur et comme consommateur. Comme producteur, si son salaire est minime, il ne semble pas qu'il ait à souffrir du change défavorable, car une amélioration du change ne permettrait pas une réduction de salaire, sous le prétexte que le pouvoir d'achat de la monnaie locale a augmenté. Si le salaire est élevé, il est peut-être possible qu'une amélioration du change puisse conduire à sa réduction, mais tant d'autres éléments influent sur la question des salaires que je n'ose me prononcer d'une manière catégorique sur ce point. Si nous envisageons maintenant l'ouvrier comme consommateur de produits locaux, il souffrira peu du change, au contraire comme consommateur de produits étrangers il le ressentira vivement. Voilà la théorie ; je vais cependant vous donner un exemple qui vous montrera qu'il ne faut jamais trop généraliser, et que certaines circonstances particulières viennent parfois modifier des conclusions trop absolues. Cet exemple est tiré de notre colonie de la Réunion. Le change défavorable y est avantageux aux fabricants de sucre dont la production est en presque totalité destinée à l'exportation ; mais d'autre part, ceux-ci, d'après les conditions du contrat avec les immigrants asiatiques qui forment le plus grand nombre des travailleurs agricoles, doivent en plus du salaire en numéraire, fournir à chaque travailleur immigrant une ration de riz dont la quotité est déterminée. Le riz étant à la Réunion un objet d'importation, il est bien évident que la perte résultant du change défavorable retombe, en ce qui concerne les importations de riz sur les fabricants et vient en déduction du bénéfice de leurs exportations. Quant aux travailleurs immigrants, ils n'ont nullement à en souffrir.

J'insiste sur cet exemple, Messieurs, pour vous indiquer avec quelles précautions on doit observer les répercussions du change et combien il faut se garder de conclusions hâtives, plus simples sans doute, mais trop souvent inexactes.

Si nous passons enfin à une dernière catégorie de personnes, à celles qui vivent de revenus fixes — et dans les colonies elle se réduit presque exclusivement aux fonctionnaires, — on voit que, payés en monnaie locale dépréciée et ayant l'habitude de consommer certains produits européens importés, ils souffrent du change pour tous leurs revenus et pour une partie de leurs dépenses, aussi sollicitent-ils l'allocation d'indemnité compensatrice ou d'autres faveurs analogues destinée à atténuer les effets de cette situation.

Les colonies peuvent être des pays riches, mais il s'agit la plupart du temps de richesses naturelles dont la mise en œuvre nécessite l'emploi de capitaux, or comme ces capitaux ne se trouvent pas dans le pays, il faut forcément les y importer. Vous voyez, Messieurs, combien la condition de celles où le change est défavorable peut se trouver fâcheuse, en effet quand un Français place ses fonds dans une colonie, il n'envisage pas seulement le moment présent. Il envoie 100.000 francs qui dès leur arrivée se trouvent valoir 115 ou 120.000 francs en monnaie dépréciée, il y a là un gain apparent. Mais si cette colonie subit les brusques oscillations du change, que vaudront ces 115 ou 120.000 francs de monnaie dépréciée lorsqu'il faudra les rapatrier? Supposez qu'un négociant ait envoyé en Indo-Chine 100.000 francs à l'époque où la piastre valait 4 francs. Il avait donc alors un capital de 25.000 piastres; aujourd'hui la piastre est tombée à 1 fr. 90; que représentent ses 25.000 piastres? 47.500 francs.

Lorsque le change est surtout basé sur la dépréciation de la monnaie, les chances de pertes dépassent celles de gain et c'est une des raisons pour lesquelles les capitaux se portent avec tant de timidité dans les entreprises coloniales quand le change est défavorable : nouvel effet, et très fâcheux, de la mauvaise situation économique et monétaire d'un pays.

Vous avez sans doute remarqué, Messieurs, que je viens de me servir à plusieurs reprises des mots avantages ou bénéfices pour indiquer l'effet produit sur certaines branches du travail par l'existence d'un change défavorable. Ce sont là, en effet, des expressions usuelles et faciles à comprendre ; il faut cependant observer qu'on ne doit pas les prendre dans un sens absolu. Si l'on mettait en balance les avantages et les inconvénients du change dans un pays auquel il est défavorable, il est évident que la résultante définitive de l'opération serait une perte. Il n'en est pas moins vrai que pour tel commerce ou telle industrie déterminée le change défavorable constitue, sinon un bénéfice au vrai sens du mot, du moins une arme qui permet de lutter sans désavantage avec la concurrence des produits étrangers similaires. Supposez un instant que le change y disparaissant, la concurrence lui devienne impossible ; que se produirait-il ? Il serait ruiné brusquement ; l'existence d'un change défavorable lui permet de prolonger la lutte. Et puisque nous sommes en train de discuter le sens des mots, vous comprenez, Messieurs, pourquoi je vous disais au commencement que les expressions *changes favorables* ou *défavorables* n'étaient point rigoureusement exactes ; puisque dans certains cas un change défavorable peut produire des effets avantageux et réciproquement. Il n'en faut pas moins conserver les expressions qui sont devenues en quelque sorte techniques, sauf à être bien fixé sur l'étendue du sens que l'on doit leur attribuer.

Ce qui fait ressortir l'analogie du change élevé avec l'existence d'un tarif de douane protecteur, c'est que l'un et l'autre profitent à telle ou telle industrie, à tel ou tel commerce déterminé, au détriment de l'ensemble des consommateurs d'un pays.

VI

Si je ne m'étends pas plus longuement sur les effets du change, c'est que vous êtes destinés, Messieurs à les connaître

pendant votre carrière, et, je le crois, à en subir les conséquences fâcheuses durant une période dont la durée ne semble
pas près de finir. Il était au contraire indispensable de s'arrêter
sur les causes qui donnent naissance au change, car c'est de leur
exacte détermination que dépendent les moyens à employer
pour y remédier. Vous vous souvenez que nous avons divisé ces
causes en trois grandes catégories : causes budgétaires, économiques et monétaires. L'action des gouvernements peut s'exercer
d'une manière directe sur la première et la troisième cause;
lorsque au contraire le change résulte de la situation économique
générale d'un pays, leur intervention ne peut être qu'indirecte,
et elle doit toujours se manifester avec beaucoup de circons-
pection car elle peut, en cas d'erreur, amener dans les relations
commerciales de graves perturbations.

J'ai peu de choses à vous dire des remèdes à employer
lorsque le change défavorable résulte d'une mauvaise situation
budgétaire; il n'y en a qu'un, c'est de procéder à un examen
attentif du budget, d'en supprimer toutes les dépenses inutiles,
d'augmenter les recettes, si c'est possible, bref de chercher à
obtenir un équilibre sérieux et permanent.

Si les causes de la baisse du change sont d'ordre économique,
les moyens d'y remédier sont beaucoup plus variés, car ils dif-
fèrent suivant les pays, suivant la nature de leur production, de
leur industrie, etc. Toute mesure qui aura pour effet de
restreindre les importations d'objets non indispensables et de
développer les exportations sera avantageuse; et à ce point de
vue, je puis vous citer encore l'exemple de la Russie. Je vous
parlais tout à l'heure de l'augmentation considérable de la production qui, d'après les chiffres du ministre des finances, est
passée de 541 millions de roubles en 1877 à 1.816 millions
en 1897. Le sol de cet immense empire contient toutes sortes de
richesses; c'est d'abord cette terre noire des provinces du Sud
qui produit presque sans culture des récoltes d'une abondance
extraordinaire; ce sont ensuite les mines de fer, de houille, d'or,
les sources de naphte, de pétrole, etc. Tant que la production
agricole a constitué la base des exportations russes, la situation
a été assez précaire, car la situation économique et budgétaire
dépendaient entièrement d'une bonne récolte et celle-ci de circonstances climatériques plus ou moins favorables. Je me

souviens à ce propos d'un mot bien significatif que me disait il y a une quinzaine d'années le ministre des finances de Russie, M. Wichnegradsky, dont l'administration marque le commencement de la rénovation financière de l'empire ; comme je lui faisais compliment de l'excédent de recettes du dernier budget : « Oui, me répondit-il, c'est beau, mais il y a eu des nuages ; notre politique doit tendre à pouvoir se passer de nuages. » Cette année-là, parait-il, des pluies survenues d'une manière très opportune avaient donné à la récolte une abondance extraordinaire. Comment donc a-t-on cherché à se passer des nuages? en donnant à la construction des voies de communication une impulsion vigoureuse, en encourageant l'industrie locale, par des tarifs de douane protecteurs, et en facilitant les moyens d'écouler au dehors la production nationale. C'est de cette époque que date la formation en Russie de sociétés industrielles nombreuses, étrangères pour la plupart, qui y ont amené des capitaux ; ces sociétés ont construit des usines métallurgiques et donné un développement considérable à l'industrie du fer, de la fonte et de l'acier, à ce point qu'un document officiel constatait récemment que l'importation de ces métaux était tombée de 25 % à 10 % de la consommation totale. Il en était de même en ce qui concerne les mines et les industries textiles. Pendant que des droits de douane élevés protégeaient contre la concurrence étrangère les industries naissantes, l'amélioration des voies de communication favorisait l'exportation des produits nationaux. Ainsi, augmentation des exportations, restriction des importations, entrée de capitaux étrangers soit par suite de création d'industries nouvelles, soit par suite d'emprunts d'État, toutes ces causes agissaient dans le même sens; vous le savez déjà, elles devaient avoir pour résultat l'amélioration certaine du change. En Amérique, les États-Unis nous donnent un exemple analogue, mais là, le change n'avait jamais été aussi défavorable qu'en Russie, parce qu'il ne s'y mêlait pas une question monétaire.

Vous voyez, Messieurs, qu'à des phénomènes économiques défavorables, il faut opposer des remèdes économiques, mais ces remèdes doivent être appropriés au pays auquel ils s'appliquent, c'est vous dire qu'ils ne sauraient être fixés par avance d'une manière immuable. Il y a cependant un moyen rapide et infaillible d'arrêter la hausse du change, c'est d'élever le taux de l'intérêt; mais, je le répète, ce moyen n'agit à coup sûr qu'entre les pays dont la situation est normale, entre pays à étalon d'or, par exemple.

Comment donc peut agir la hausse du taux de l'intérêt? D'une manière bien simple, en restreignant la spéculation, en diminuant les achats au dehors, en réduisant le nombre des effets présentés à l'escompte, ce qui réduit la circulation et enfin en attirant dans le pays où elle se produit les capitaux qui tendaient à s'en éloigner; quand, après la guerre de 1870, le gouvernement français dut émettre les emprunts destinés à libérer le territoire de l'occupation étrangère, l'intérêt nominal était de 5 %, mais, grâce au taux d'émission abaissé au-dessous du pair, les capitalistes avaient là un placement rapportant réellement 6 % et supérieur par conséquent à ceux qu'ils pouvaient trouver à l'étranger. Les capitaux étrangers se portèrent donc à ce moment vers la France et ce mouvement servit à compenser partiellement l'énorme déplacement en sens inverse que nécessitait le paiement de l'indemnité de guerre. En fait, le change défavorable à ce moment à notre pays se maintint toujours dans des limites très étroites.

Mais, me direz-vous, l'État n'a pas tous les jours un emprunt à émettre et comment dès lors pourra-t-on élever le taux de l'intérêt pour arrêter la hausse du change si l'on n'a pas cette ressource? Eh bien, Messieurs, il n'est pas nécessaire qu'un emprunt public se produise; le mécanisme normal du crédit suffit. Lorsque le change s'élève, l'or a une tendance à émigrer, car il doit servir à payer aux pays étrangers l'excédent de leurs créances sur leurs dettes. Si on lui donne un emploi rémunérateur dans le pays, il cesse de disparaître et au besoin revient de l'étranger; pour arriver à ce résultat, il suffit que la banque d'émission élève le taux de son escompte (vous savez que le principal élément du taux de l'escompte est le taux de l'intérêt) d'une quantité suffisante pour retenir l'or dans le pays. On cite toujours un exemple fameux des effets d'une élévation dans le taux de l'escompte. En 1847, le numéraire commençait à s'exporter d'Angleterre; pour prévenir une crise, la Banque éleva rapidement le taux de l'escompte et l'on vit débarquer de navires en cours de chargement de l'or qui y avait été embarqué quelques jours auparavant.

Il est bien évident que si d'une manière constante les importations d'un pays dépassent ses exportations (et j'entends ici ces mots non dans le sens étroit qui s'applique à la balance du commerce, mais dans le sens large qui comprend tous les engagements), l'accroissement du taux de l'intérêt serait insuffisant pour arrêter la hausse du change; mais s'il ne s'agit que d'une de ces perturbations temporaires qui résultent de circonstances fortuites, telle qu'une mauvaise récolte ou une crise partielle, le pays qui est atteint peut se tirer d'affaire comme un simple particulier, en offrant à ses créanciers un taux d'intérêt plus élevé qui lui permette de prolonger son crédit en attendant le retour à une situation normale.

L'élévation du taux de l'intérêt est toute désignée, comme je vous le disais, pour arrêter l'exportation du numéraire et il ne faut pas s'attarder à l'opinion qui considère que toute élévation à ce taux est fâcheuse; c'est là une opinion absolument superficielle, car elle est basée sur la constatation de ce que l'on voit au premier coup d'œil; ce que l'on ne voit pas, c'est que la gêne passagère résultant d'une hausse de l'intérêt est bien moins redoutable que la crise à laquelle conduirait fatalement une exportation exagérée de numéraire.

La variation du taux de l'escompte a d'ailleurs une importance très sérieuse, au point de vue de l'indication qu'elle fournit de l'état du marché; on peut dire qu'elle en reflète aussi soigneusement la variation que le baromètre révèle celle de la pression atmosphérique. En effet, dans les pays comme la France où il n'existe qu'un taux d'escompte uniforme, les signataires des effets de premier ordre s'adressent rarement à la Banque d'émission parce que le taux d'escompte de celle-ci est réglé sur les conditions imposées au commerce moyen et au petit commerce qui forment la clientèle normale. Les personnes dont le crédit est de premier ordre trouvent toujours à faire escompter leurs effets à un taux inférieur à celui de la Banque. Quand celle-ci se décide à élever le taux de son escompte, c'est que l'on a déjà fait appel à toutes les banques privées et que les besoins d'argent vont atteindre les réserves métalliques du pays et en amener l'exportation. C'est donc avec la plus grande attention qu'il faut observer les variations de l'escompte des banques d'émission; elles révèlent, je vous le répète, d'une manière très précise la véritable situation du marché et fournissent un élément d'appréciation important pour déterminer les causes de fluctuation du change.

En France, la Banque, pour arrêter le mouvement de retrait du numéraire dans ses caisses, a usé parfois avec succès d'un expédient qui n'est possible que dans les anciens pays à double étalon; elle a profité de ce que la pièce de 5 francs a pouvoir libératoire en quantité illimitée, pour rembourser les billets en une telle monnaie, qui, étant fort encombrante, arrête les personnes tentées de demander le remboursement.

Une mesure qui produit un effet analogue à la hausse du taux de l'intérêt en retirant les métaux précieux dans le pays ou en attirant ceux de l'étranger, consiste à prescrire le paiement des droits de douane en or ou en valeurs équivalentes. C'est ce qu'ont fait successivement la Russie et l'Espagne; cette dernière puissance admet comme or d'après une loi récente :

1° Les monnaies d'or espagnoles;
2° Les monnaies d'or de l'Union latine;
3° Les billets de la Banque de France;
4° Les lettres de change et les billets sur Paris, Londres, Bruxelles et Berlin, pourvu qu'ils soient libellés en francs, en livres sterling ou en marcs.

Et un décret postérieur a ajouté à ces diverses valeurs, les coupons de la Rente extérieure espagnole qui, étant payables en or à l'étranger, représentent une valeur en métal jaune tout comme les billets de la Banque de France et les lettres de change tirées en monnaie des pays à étalon d'or.

Je vous rappelle, Messieurs, que si le billet de la Banque de France vaut de l'or, c'est qu'il est remboursable à vue en métal; si une mesure législative venait à suspendre l'exportation de l'or, cette valeur diminuerait immédiatement, et je vous ai d'ailleurs expliqué précédemment comment la prohibition d'exportation des monnaies, loin d'atténuer les effets du change, les amplifiait au contraire.

Nous arrivons enfin aux causes monétaires du change; c'est ici que les gouvernements peuvent exercer leur action d'une manière directe et réellement efficace. Nous distinguerons le cas où la hausse du change provient de la dépréciation de la monnaie locale, et celui où il résulte de l'abus de la circulation fiduciaire.

Lorsque la circulation intérieure d'un pays repose sur l'étalon d'argent, et qu'on veut, pour éviter la perte au change de plus en plus considérable qu'il subit, le ramener à l'étalon d'or, l'opération est assez complexe et réclame un certain nombre de mesures dont l'effet ne peut se produire intégralement qu'au bout d'un assez long délai.

Les premières dispositions à prendre consistent à limiter la quantité d'argent en circulation; pour cela, on commence par interdire aux Hôtels des Monnaies de frapper de la monnaie d'argent pour le compte des particuliers; on peut même aller plus loin et interdire cette frappe d'une manière absolue au gouvernement lui-même. La première mesure est généralement un acheminement vers la seconde.

Certains États, comme la Russie, ont même cru devoir aller plus loin et prohiber l'entrée des monnaies d'argent, cela surtout pour se garder des importations de Chine et de Perse. Sauf dans des cas exceptionnels, cette mesure ne paraît pas très nécessaire si les caisses publiques sont fermées aux monnaies d'argent étrangères et si la frappe en est interdite; en effet, repoussées des caisses publiques, elles ne sont pas acceptées dans les transactions commerciales, car on craint de ne pouvoir s'en défaire et, d'autre part, l'interdiction du monnayage empêchant de les transformer, elles finissent par rentrer dans leur pays d'origine. Mais sans les interdire on peut les frapper d'un droit d'entrée élevé. Si le pays qui veut ainsi supprimer graduellement sa circulation d'argent est en rapport avec d'autres pays à étalon d'argent, il peut aussi parfois y écouler une partie du métal déprécié chez lui. Mais l'opération qui consiste à passer de l'étalon d'argent à l'étalon d'or est particulièrement délicate, car elle serait faite sans chances de succès si l'or ne devait pas rester dans le pays; il faut donc tout d'abord que la situation budgétaire et économique soit bonne, de manière que l'or n'ait point trop de tendances à émigrer; quand on est arrivé sous ce rapport à une certaine stabilité, quelques emprunts contractés à l'étranger permettent de se procurer l'or nécessaire. Ces mesures combinées avec la limitation de la monnaie d'appoint dans les paiements, avec le paiement obligatoire des droits de douane en or, ou avec des bonifications accordées aux contribuables qui acquittent leurs impôts en métal jaune, permettent généralement d'arriver assez vite à établir la circulation du nouvel étalon monétaire.

Lorsque la Russie a récemment opéré sa réforme monétaire, aucun pays ne pouvait se trouver dans des circonstances plus favorables qu'elle; son stock d'argent en circulation était insignifiant, il ne dépassait pas vingt-cinq millions de roubles; au contraire, si la France voulait procéder à la démonétisation de sa pièce de cinq francs, elle subirait une perte considérable, car elle ne possède pas en ce moment moins de trois à quatre milliards de monnaies de cette espèce en circulation (l'encaisse métallique de la Banque de France en comprend seul pour plus d'un milliard de francs). Au cours actuel de l'argent, l'État subirait donc une perte de plus de moitié, soit près de deux milliards.

Si la circulation qu'on veut faire disparaître se compose non plus d'argent, mais de billets de banque à cours forcé, tout ce que nous venons de dire s'applique de même; la suppression de la frappe est simplement remplacée par la limitation du minimum de l'émission et la reprise du remboursement des billets à vue et en numéraire. Il peut être intéressant pour vous, Messieurs, de connaître comment la Russie qui n'avait pas cent millions d'or il y a dix ans, est arrivée à en posséder un stock dépassant quatre milliards et à faire presque disparaître de la circulation ses billets à cours forcé qui y entraient encore pour 98 pour cent en 1896.

Je vous ai précédemment indiqué que depuis une quinzaine d'années la situation économique s'améliorait rapidement et que tous les budgets présentaient des excédents qui dépassaient parfois deux et trois cents millions de francs. Cette situation était éminemment favorable et les premiers efforts du gouvernement russe ont dû tendre à diminuer graduellement les fluctuations du rouble-papier dont les oscillations étaient brusques et importantes, en raison des variations dans le produit des récoltes et surtout des spéculations à la hausse ou à la baisse dont le papier russe était l'objet sur le marché d'Allemagne qui était alors le principal détenteur des valeurs de ce pays. Pour arriv à stabiliser la valeur du rouble-papier, on créa un fonds dit : fon d'échange, qui en 1885 se composait de cent soixante-dix millions en or, et graduellement s'éleva à plus de quatre cents millions. Au moyen de cette réserve, le ministère des finances faisait acheter sur les places étrangères tous les roubles-papier qu'il trouvait, principalement quand le rouble était en baisse. De cette manière, il obtenait un double résultat; il arrêtait la baisse par ses offres d'achat et réduisait sa circulation fiduciaire. A mesure que le nombre des roubles diminuait sur les places étrangères, il s'accroissait dans les caisses du Trésor russe; il se raréfia assez pour que des spéculateurs allemands qui avaient joué à la baisse ne pussent trouver sur le marché les roubles qu'ils avaient promis de livrer. Ils étaient dès lors à la merci du gouvernement russe qui leur revendit des roubles papier à un prix supérieur à celui qu'ils avaient stipulé de leurs acheteurs, lesquels acheteurs représentaient souvent le gouvernement russe lui-même. Lorsque les spéculateurs eurent éprouvé à plusieurs reprises des pertes de cette nature, ils comprirent qu'ils ne pouvaient pas lutter et peu à peu les variations du rouble-crédit devinrent insensibles. Le rapport du papier à l'or pouvait dès ce moment être déterminé et il ne restait plus qu'à se procurer par des emprunts à l'étranger (qui par parenthèse amélioraient la situation du change) les sommes nécessaires pour constituer une réserve métallique. Cette réserve existe aujourd'hui et je vous en ai indiqué le chiffre; en même temps, on a paré à l'une des causes principales de la dépréciation de l'ancien rouble, en fixant une limite à la circulation fiduciaire qui ne peut en aucun cas dépasser la réserve d'or de plus de trois cents millions de roubles.

J'insiste sur ce point, Messieurs, parce qu'il est capital, c'est que pour passer du régime d'un étalon d'argent à l'étalon d'or, il est essentiel de stabiliser la valeur de l'unité monétaire. Car aucun gouvernement moderne ne peut traiter ces questions avec la désinvolture qu'y apportaient les gouvernements du moyen âge. Je vous citerai l'exemple de la Russie, de l'Autriche et de l'Inde qui ont en dernier lieu transformé leur système monétaire. En Autriche, le florin avait une valeur nominale de 2 fr. 50, en Russie, le rouble une valeur nominale de 4 francs; dans l'Inde, la roupie, une valeur nominale de 2 fr. 30 environ. Mais, par l'effet du change, le florin-papier qui était seul en circulation en Autriche, était tombé au-dessous de 2 francs, le rouble était également tombé au-dessous de 2 francs et la roupie avait vu des cours inférieurs à 1 fr. 50. Si l'on avait prétendu transformer le système monétaire de ces pays en rendant à la monnaie nouvelle la valeur nominale de la monnaie ancienne, vous voyez quelle perte pour l'Etat et quelle perturbation dans les affaires; du jour au lendemain le débiteur de 100.000 roubles aurait dû, non pas 200.000, mais 400.000 francs. Le débiteur de 100.000 florins aurait dû, non pas 190.000, mais 250.000 francs, et de même pour la roupie. Il était donc essentiel pour faire une réforme, que la valeur du florin, du rouble ou de la roupie, se fixât pendant un temps assez long pour que l'on considérât cette valeur devenue stable comme la vraie valeur du rouble, du florin, de la roupie.

C'est à cela qu'ont tendu les efforts des gouvernements qui constituaient des caisses de réserve pour soutenir les cours de leur papier-monnaie et empêcher qu'ils ne subissent des variations trop importantes; dans ce but, ils accumulaient lentement de l'or en quantité considérable, de manière à pouvoir d'une part inspirer confiance en leur papier-monnaie, de l'autre se préparer à reprendre la frappe de la monnaie d'or et son usage courant.

C'est ainsi que l'on est arrivé à donner à l'ancien rouble de 4 francs, une valeur de 2 fr. 66, à l'ancien florin de 2 fr. 50, une valeur de 2 fr. 10, et à l'ancienne roupie de 2 fr. 30, une valeur de 1 fr. 66.

Vous remarquerez, Messieurs, que la nouvelle valeur attribuée au rouble, au florin et à la roupie, est supérieure au cours le plus bas qu'avaient atteint ces monnaies; c'est un effet normal de l'accumulation d'or effectuée en vue de stabiliser les cours, et d'ailleurs, personne ne pouvait se plaindre de cette situation.

Si à l'origine le rouble avait valu 4 francs, c'est qu'à cette époque on avait pour un rouble une quantité équivalente de métal précieux, soit 18 grammes d'argent ou 1 gramme 16 d'or. Avec la baisse du métal argent, 18 grammes de ce métal ne valaient plus 1 gramme 16 d'or, mais une quantité moitié moindre; le billet d'un rouble qui représentait de l'argent ne valait donc plus depuis longtemps qu'une somme très inférieure à 4 francs et il aurait été absolument abusif de l'échanger contre une pareille somme en or. En arrivant à lui donner une valeur de 2 fr. 66, on conciliait donc tous les intérêts; — même raisonnement pour le florin et la roupie.

Retenez bien ceci, Messieurs, nous aurons à en faire l'application plus tard.

Dans le cours de ces derniers mois, l'Espagne a dû adopter des mesures analogues, qui peuvent se résumer ainsi : interdiction légale au Trésor de contracter de nouveaux emprunts à la Banque et établissement d'une proportion entre l'encaisse métallique et la circulation fiduciaire. Malheureusement pour ce pays, sur 2 milliards 200 millions de circulation fiduciaire, 1.400 millions environ représentent une dette de l'État envers la Banque et celle-ci n'a pas encore repris le paiement de ses billets en numéraire. Il ne suffit donc pas de ne plus emprunter à la Banque, on ne rétablira complètement le crédit de l'Espagne, que lorsque la Banque aura été presque intégralement remboursée par le Trésor.

Tels sont en résumé, Messieurs, les causes et les effets du change; quant aux moyens à employer pour remédier à ses inconvénients, vous voyez que quelques-uns sont très connus, mais que les autres doivent être basés sur une observation exacte, attentive et approfondie des causes locales qui y ont donné naissance. Cet exposé terminé, nous allons jeter un coup d'œil sur la question du change à l'île de la Réunion qui peut être prise comme type des colonies sucrières et en Indo-Chine. Les explications que je viens de vous donner vont nous permettre de nous rendre compte très rapidement de la situation dans ces deux colonies.

VIII. — Réunion

Dans cette colonie que nous prendrons pour type des colonies sucrières, la situation budgétaire n'est pas mauvaise; la dette coloniale est insignifiante et les budgets se présentent en équilibre en fin d'exercice. Ce ne sont donc pas des raisons budgétaires qui peuvent donner lieu à l'existence d'un change qui en ce moment oscille autour de 8 %.

De 1810, date à laquelle la colonie fut occupée par les Anglais, à 1879, la monnaie de l'île fut la roupie indienne importée par eux et qu'ils avaient substituée à la monnaie nationale. Elle se trouvait en abondance dans la colonie et servait à toutes les transactions; quant à la monnaie d'or, il n'y en avait pas de spéciale; toutes les monnaies d'or y avaient cours pour leur valeur intrinsèque; on y trouvait des pièces de 20 francs, des livres sterling, et surtout des quadruples espagnoles. Vers 1877, le gouvernement commençant à se préoccuper de la baisse de l'argent en voyant s'accumuler les roupies à la Réunion, et considérant qu'il était fâcheux qu'une colonie française fût soumise à un régime monétaire étranger, résolut de démonétiser les espèces en circulation dans la colonie pour les remplacer exclusivement par de l'argent français. Le moment n'était pas mal choisi, car à ce moment le prix du sucre était très élevé et la situation de la colonie se présentait sous les apparences les plus favorables. On décida donc la suppression du cours de toutes les monnaies étrangères et on envoya dans la colonie un stock important de monnaies d'or et d'argent. Les précautions les plus minutieuses furent prises; c'est ainsi qu'on avait eu soin d'envoyer surtout de la monnaie divisionnaire, parce que son poids étant plus considérable, les frais de transport en étaient plus élevés et par conséquent on espérait ainsi éviter le retour de l'argent en France, en occasionnant une plus forte dépense aux expéditeurs. On croyait avoir pourvu à tout, et cependant quelques mois après il ne restait plus une pièce de monnaie dans la colonie; on en exportait même le bronze, malgré les frais considérables du transport de ce métal. Quelle était donc la cause de ce mécompte? Elle était double; il y avait d'abord une cause passagère; une ou deux mauvaises récoltes qui avaient réduit considérablement la production sucrière et laissaient par conséquent la colonie débitrice envers le commerce européen au lieu d'être créancière. De là l'obligation d'expédier du numéraire. Mais, je le répète, ce n'était là qu'une cause transitoire. La raison véritable, c'est que depuis 1815, époque à laquelle nous étions rentrés en possession de la colonie, nous avions donné à la roupie une valeur fictive de 2 fr. 50 alors que son pair était environ de 2 fr. 37, et que par suite de la dépréciation de l'argent, la valeur intrinsèque de la roupie était tombée au-dessous de

2 francs. Vous comprenez facilement, Messieurs, que quand une pièce qui est acceptée pour 2 fr. 50 dans un pays, perd 50 à 60 centimes à être exportée, personne ne veut faire une opération aussi désavantageuse; les roupies s'accumulaient donc à la Réunion et n'en sortaient plus. Au contraire, quand on les eut remplacées par des francs, ceux-ci ne trouvèrent aucun obstacle pour quitter la colonie; il suffisait, pour aboutir à ce résultat, que la situation commerciale et agricole de l'île fut temporairement mauvaise. Cette disparition du numéraire fut si gênante qu'un des grands propriétaires de l'île acheta à ce moment, en Europe, des pièces autrichiennes démonétisées qui furent admises dans la circulation entre particuliers. Pendant ce temps, la banque remboursait ses billets à vue en bonne monnaie et celle-ci, aussitôt sortie des caves de la Banque, retournait en Europe comme toutes les autres espèces. Jamais, vous le voyez, démonétisation plus complète n'avait été opérée; avant la mesure il y avait encore du numéraire; depuis il n'y en avait plus. La situation ne pouvait se prolonger. Le gouvernement se résolut à faire fabriquer des bons du Trésor de 50 centimes, 1 et 2 francs pour alimenter la circulation courante; mais pour éviter le reproche de fabriquer du papier-monnaie, il fut décidé que ces bons de caisse seraient garantis par une somme de 2 millions en or, déposée au Trésor dans la colonie même. Telle est la situation qui subsiste encore aujourd'hui, non seulement à la Réunion, mais aussi à la Guadeloupe; le bon du Trésor a maintenant la forme d'un jeton de nickel, mais la situation reste la même, il est une représentation des 2 millions d'or existant dans les caves du Trésor. Mais comme les jetons sont inconvertibles, comme on ne peut en exiger le remboursement en or, dès que le change s'élève, ils se déprécient comme le billet de banque lui-même, puisqu'ils ne peuvent être exportés et ne constituent qu'un moyen d'échange limité à l'intérieur de la colonie.

Le billet de banque est dans la même situation, parce qu'en fait, sinon en droit, on se trouve sous le régime du cours forcé; lorsque de 1892 à 1896 le taux du change s'est élevé progressivement de 2 à 25 %/₀ pour revenir ensuite à son point de départ, si la Banque avait dû rembourser à vue, son encaisse métallique aurait vite disparu; tous ses bénéfices auraient été absorbés et au delà par la nécessité de faire venir de l'or d'Europe pour le reconstituer. Comme cet établissement résume en lui-même tout le crédit de la colonie, les habitants estimèrent qu'à exiger le remboursement des billets à vue, ils risquaient de faire sombrer leur seule ressource financière ; ils cessèrent donc d'exiger de la banque le remboursement de ses billets, et c'est ce qui me faisait vous dire que sinon en droit, au moins en fait, la colonie se trouvait sous le régime du cours forcé. Si vous vous souvenez de ce que je vous disais dans notre dernière réunion, voilà un motif qui, à lui seul, suffirait pour qu'il existât un change défavorable à la colonie.

Passons maintenant à la situation économique. Dans nos anciennes colonies des Antilles ou de la mer des Indes, c'est sur la culture de la canne à sucre que repose l'existence même du pays.

Si nous jetons les yeux sur la statistique des douanes de 1901, nous voyons que pour cette année, sur une somme totale de denrées produites par la colonie s'élevant à 17.792.417 francs, les sucres figurent pour 11.541.000 francs, et les rhums pour 568.000 francs, soit plus de 12 millions pour les produits de la canne et plus des 2/3 de l'exportation totale.

Les principales autres exportations sont les fécules et tapiocas, 1.834.000 francs, la vanille de toute qualité, 1.945.000 francs, l'essence de géranium, 943.000 francs.

Pour la même année, à la Guadeloupe, sur 16.625.000 francs d'exportations de produits du cru, plus de 14 millions sont fournis par les sucres, métaux et tafias. A la Martinique pour 21.095.000 francs, 20 millions proviennent de la même source.

Pourquoi cette disproportion entre le produit de la canne et celui des autres cultures. Il y a d'abord la raison d'habitude ; depuis plus d'un siècle le sucre est la production du pays, c'est en vue de cette production que sont aménagées les usines et, malgré l'énorme baisse de prix du sucre depuis une quinzaine d'années, on continue une culture de moins en moins rémunératrice, peut-être avec l'espoir secret que viendront de meilleurs jours. Une raison plus sérieuse, c'est que le pays est exposé à de fréquents cyclones, comme toutes les régions tropicales, or tandis que les perturbations atmosphériques détruisent toutes les autres plantations : cafés, thés, manioc, etc., elles ne font qu'endommager les plantations de cannes. La plante est si vivace que couchée par le cyclone mais non déracinée, elle végète sur le sol; malgré le désastre, elle donne encore un produit, inférieur il est vrai de 40 ou 50 °/₀ au produit normal, mais d'autant plus appréciable que toutes les autres récoltes sont entièrement détruites et souvent, avec elles, le travail de plusieurs années. Vous comprenez, Messieurs, pourquoi les colonies sucrières sont si attachées à la culture de la canne. Celle-ci leur fournit d'ailleurs la plus grande partie de leurs ressources financières : droits de sortie sur les denrées coloniales, droits sur les spiritueux, taxes de fabrication et de magasinage des rhums et tafias; sans compter la part considérable de l'impôt sur les maisons, sur les charrettes, sur les immigrants et de la taxe des patentes qui sont une conséquence de l'existence des sucreries et rhumeries.

Ainsi, sur 18.200.000 francs d'exportation, 17.800.000 francs proviennent des produits du cru, et sur ces 17 millions plus de 12 millions proviennent de la canne. D'après la même statistique, l'importation aurait été de 23.800.000 francs; les principaux articles d'importation sont les animaux vivants :

Bœufs de Madagascar pour la consommation, mules de la Plata pour l'agriculture. . . .	1.000.000	»
Les suifs, graisses, beurres, saindoux, etc. . .	1.300.000	»
Les farineux alimentaires (riz de l'Indo-Chine et farines d'Australie).	8.000.000	»
Les boissons.	2.000.000	»
Les matériaux et combustibles	1.200.000	»
Les tissus.	2.500.000	»
Les ouvrages en métaux, machines, etc.	2.500.000	»
	18.500.000	»

Vous voyez qu'il s'agit là surtout de denrées de première nécessité et que les objets de luxe ne s'y rencontrent guère, ce qui ne permet pas de réduire beaucoup les importations pour les ramener au niveau des exportations.

Si nous voulons essayer de faire la balance des engagements et des créances de la colonie, nous avons donc là un premier élément.

Causes favorables		*Causes défavorables*	
Exportation.	18.200.000ᶠ	Importation.	23.800.000ᶠ
Mandats postes payés.	329.000ᶠ	Mandats émis. . . .	200.000ᶠ
Subvention de la Métropole.	440.000ᶠ		24.000.000ᶠ
Paiements pour le budget local, fonds envoyés.	140.000ᶠ		
Dépenses militaires.	1.000.000ᶠ		
Pensions civiles et militaires.	203.000ᶠ		
	20.312.000ᶠ		

Recherchons les autres causes qui influent sur le change : Si nous consultons le budget de l'État, nous voyons que la métropole, en 1901, a donné à la colonie une subvention de 440.000 francs. C'est donc une importation de numéraire, ou, si vous le voulez, une diminution dans la quantité de numéraire à sortir de la colonie, qui produit le même effet favorable ; après cette subvention nous voyons que l'ensemble des dépenses militaires, de personnel et de matériel, payées par le budget métropolitain et effectuées à la Réunion, se sont élevées, en chiffres ronds, pour 1901, à 1.000.000 de francs. C'est là une somme qui entre dans la colonie et doit figurer en ligne de compte ; en effet, s'il s'agit de dépenses de matériel, ce matériel est ou importé d'Europe, et alors il figure déjà dans le chiffre des importations et il doit en être déduit, puisqu'il est payé avec des fonds qui ne proviennent pas de la colonie ; ou bien il est le résultat d'un travail effectué sur place, et il doit de même être tenu compte de ce que les fonds servant à le produire proviennent de la métropole. En matière de personnel, il en est de même ; les officiers et soldats dépensent une partie de leur solde pour se nourrir (ce qui correspond à des importations de viande et de farine plus élevées que s'il n'y avait pas de garnison), et ces dépenses sont payées par les fonds introduits de la métropole. Mais on ne saurait porter en dépense la totalité des chiffres inscrits au budget de l'État, d'une part, parce que certains officiers ou fonctionnaires militaires ne dépensent pas la totalité de leur solde, d'autre part, parce que certains d'entre eux délèguent en France, pour les besoins de leurs familles, une portion de cette solde qui reste ainsi dans la métropole. Il est donc impossible de chiffrer exactement quelle est, sur 1.000.000 de francs entrés effectivement dans la colonie, la somme qui y est dépensée.

Ce que nous venons de dire des traitements payés à un certain nombre de fonctionnaires ou officiers s'applique exactement aux pensions de retraites payées dans la colonie, sous la réserve d'une certaine déduction qu'il est impossible de chiffrer.

Par contre, il faut mentionner le mouvement des mandats-poste émis ou payés dans la colonie.

Enfin, le Trésor métropolitain continue à envoyer des fonds pour le paiement en numéraire des fonctionnaires locaux, fonds qui contribuent à faciliter la circulation métallique et, par conséquent, produisent un effet favorable sur le change, puisque l'État n'est remboursé de ces envois qu'en billets de banque, atteints par la dépréciation.

Vous voyez que si la différence entre les importations et les exportations en 1901 s'élève en apparence à 5.600.000 francs, après avoir fait subir les rectifications indiquées au tableau ci-dessus, cette différence se réduit à environ 3.700.000 francs.

Mais il résulte de l'examen auquel nous venons de procéder qu'il existe à la Réunion un excédent des engagements par rapport aux créances, et cet excédent, si vous vous reportez à ce que je vous ai dit dans notre dernière réunion, suffit à expliquer le change. Il faut maintenant que je vous expose en quelques mots le mécanisme des échanges, le rôle de la banque locale et son intervention dans les questions de change.

La plupart des propriétaires d'usines n'ont pas de capitaux suffisants pour se créer le fonds de roulement nécessaire dans toute industrie : frais de culture, paiements de salaires, etc. ; ils sont donc obligés de contracter auprès de la banque des emprunts gagés sur le produit de leurs récoltes. Quand celles-ci sont arrivées à maturité, quand les produits, sucre ou rhum, sont achevés, il faut les expédier en France; à ce moment les industriels affrètent des navires dont le chargement, pour une seule usine, vaut fréquemment 200.000 ou 300.000 francs. En même temps, ils tirent sur les acheteurs de France des traites pour pareille somme, traites qui présentent la garantie particulière d'être appuyées d'un exemplaire du connaissement et que l'on appelle pour cela *traites documentaires*. La banque qui est créancière des usiniers leur impose généralement la condition qu'ils lui remettront leurs traites et elle se trouve ainsi éteindre leurs dettes à son égard, tandis qu'elle devient elle-même créancière de la France, au lieu et place des usiniers. C'est ici qu'apparaît son rôle prépondérant dans toutes ces questions.

Les négociants qui importent du riz, de la farine, de la viande ont des paiements à faire en France; paiements de 10.000, 15.000, 20.000 francs, pour lesquels ils se procureraient assez difficilement des moyens de remise, les traites documentaires atteignant souvent 200.000 ou 300.000 francs, ainsi que je viens de vous le dire, et ne pouvant être divisées. Qu'arrive-t-il alors? Ils s'adressent eux aussi à la banque et lui demandent de lui fournir des moyens de remise. Celle-ci se trouve donc exercer son influence, et une influence prépondérante, à la fois sur les exportateurs, à qui elle a intérêt à acheter leurs traites au meilleur compte, et sur les importateurs qui ne peuvent guère trouver de papier sur la France que chez elle.

Comment opère-t-elle alors? Elle tire sur le Comptoir d'Escompte de Paris, son correspondant, par sommes de 1.000, 5.000, 10.000, 20.000 francs, suivant les besoins des importateurs, et elle couvre ensuite ce correspondant en lui adressant ses grosses traites documentaires, au moyen desquelles le Comptoir d'Escompte se rembourse de ses avances.

Vous voyez, Messieurs, quel est le rôle de la banque en pareille matière, elle monnaye en quelque sorte les grosses traites dans l'intérêt général. Dans ce rôle, si elle est raisonnablement administrée, elle s'efforce de maintenir le change à un taux convenable, mais cela ne se produit pas toujours. Dans certaines colonies des Antilles, où l'industrie est très obérée, la banque a parfois élevé à plus de 30 % le change, en vue de favoriser les industriels qui étaient en même temps ses débiteurs; cette hausse du change, ainsi que je vous l'expliquais récemment, favorisait l'écoulement des produits en France, en rendant leur prix moins élevé. Mais, en revanche, elle faisait supporter au commerce d'importation et, par suite, à la population, une charge très lourde qui amenait de vives protestations, et elle était forcée, après avoir subi des pertes sérieuses, de revenir à des procédés plus normaux. Vous voyez, Messieurs, ce qui se produit chaque fois que l'on veut exercer une pression sur le change; il en résulte de graves inconvénients pour tous et des réactions bien plus dangereuses que le mal lui-même.

Je vous disais que presque tout le papier des usines passe par la banque; il fallait, en effet, admettre un correctif à une affirmation trop absolue, car il existe quelques propriétaires ou exploitants de cultures secondaires qui, n'ayant pas besoin de beaucoup de capitaux, n'ont rien emprunté à la banque, et qui, par la nature même de leurs productions, font des expéditions moins importantes que celles des sucres : vanilles, café, essences, etc. Ces propriétaires-là vendent parfois directement leurs traites qui trouvent facilement des acheteurs, mais alors il se produit souvent un phénomène très fâcheux résultant de l'exiguïté du marché local. Supposons que le change normal soit à 8 %; il arrive qu'un seul effet de 15.000 ou 20.000 francs soit acheté à 15 % par un négociant importateur qui en a absolument besoin et ne veut pas s'adresser à la banque; l'exportateur, dans ce cas, tient l'importateur à sa merci. Inversement, un exportateur peut avoir immédiatement besoin d'argent et être réduit à accepter 3 %, alors que le taux normal du change est de 8 %. Ce sont là des cas exceptionnels, il est vrai, mais qui se produisent cependant de temps à autre, par suite du petit nombre de commerçants de nos colonies sucrières et de l'exiguïté du marché. Je pourrais vous citer, Messieurs, des exemples assez nombreux de cas où on a essayé, à la Réunion et ailleurs, de peser sur le change, soit en voulant l'atténuer, soit en voulant l'augmenter; le résultat a toujours été le même : une réaction défavorable à ceux qui avaient voulu fausser les conséquences de la situation économique s'est toujours produite, et cette réaction a été fâcheuse. On ne règle pas, en effet, les questions d'échanges par des circulaires ou des arrêtés, et on ne peut avoir la prétention de diriger à son gré le commerce, la banque et l'industrie d'un pays quelconque. C'est ce que certains administrateurs ont parfois oublié dans les colonies, et ce qu'il faut, Messieurs, que vous n'oubliez jamais.

IX. — Indo-Chine.

Si de nos vieilles colonies sucrières nous passons à notre grande colonie indo-chinoise, la situation est toute différente.

Ici, les budgets sont bien équilibrés et présentent même des excédents, la situation économique est excellente, la crise que subit la colonie résulte exclusivement de sa situation monétaire.

Pour vous montrer en quelques mots quelle est la différence qui sépare ce pays de celui que nous venons d'étudier, il me suffira de vous dire qu'en 1898 et 1899, les exportations ont présenté un excédent de 25 millions sur les importations. Si, en 1900, la proportion se renverse et si les importations dépassent les exportations de 30 millions, il n'y a rien là d'extraordinaire ; au commencement de 1899 un emprunt de 50 millions a été émis pour la construction d'un réseau de voies ferrées, et dès l'année suivante, il se produit un mouvement considérable d'importations (matériel, ponts de fer, etc.), dont le prix est acquitté au moyen des fonds de l'emprunt; vous voyez donc qu'il n'y a pas à s'inquiéter, dans ce cas, de l'excédent d'importations. Et cependant, malgré cette situation si favorable, le change est très défavorable à notre colonie. La raison, je vous le répète, Messieurs, en est dans la dépréciation du métal argent. La piastre mexicaine qui, il y a vingt-cinq ans, valait 5 fr. 25 et même 5 fr. 50, est tombée récemment au-dessous de 2 francs.

Voyons d'abord quel est le système monétaire du pays.

Le mot système est inexact, car il suppose une organisation régulière, tandis qu'en fait l'organisation indo-chinoise est encore très défectueuse, puisqu'on y trouve concurremment dans la circulation des pièces étrangères, des piastres françaises, des sens, des lingots, etc.

Il est assez compliqué et j'appelle sur ce point toute votre attention, car en réalité ce système est double, et à notre point de vue particulier, ce qui est très intéressant, c'est que ces deux systèmes n'ayant aucune concordance l'un avec l'autre, il existe toujours en Indo-Chine non pas un change, mais *deux changes*, très variables l'un et l'autre.

Prenons d'abord la monnaie d'argent qui sert à tous les échanges dans les places de commerce et qui circule dans tout le pays avec une abondance d'autant plus restreinte qu'on s'éloigne plus du centre de la colonisation. La piastre est peu abondante en général, de telle sorte qu'on a édicté des droits de sortie pour en empêcher l'exportation.

La piastre d'argent, d'une valeur nominale de 5 fr. 37, tombée aujourd'hui à moins de 2 francs, est non seulement la monnaie de l'Indo-Chine, mais celle d'une partie de l'Extrême-Orient; notamment de la Chine et des Philippines. Elle fut introduite il y a plusieurs siècles par les Espagnols, puis, après que les colonies espagnoles de l'Amérique du Sud furent devenues indépendantes, remplacées complètement par la piastre mexicaine, frappée dans les mêmes conditions de titre et de poids que les piastres espagnoles.

La piastre mexicaine est de diverses espèces; il y a l'ancienne piastre ou piastre à balance et la piastre à l'aigle. Enfin nous avons frappé nous-même à la Monnaie de Paris une piastre française qui a cours légal en Indo-Chine depuis 1885.

Toutes ces piastres ont un poids et un titre différent.

La piastre mexicaine ancienne pèse 27 gr. et est au titre 902.7;

La piastre mexicaine nouvelle pèse 26 gr. 073, même titre;

La piastre française a d'abord posé 27 gr. 215 et était au titre 900/1000; elle est maintenant du poids de 27 grammes (depuis 1895).

Vous voyez donc, Messieurs, qu'ici se produit une première difficulté, qui résulte de la coexistence dans la circulation de différentes monnaies à peu près analogues, mais ayant des valeurs sensiblement différentes. On rencontre aussi dans la circulation quelques autres pièces, notamment le british dollar et le yen japonais. En réalité, l'Indo-Chine française n'a pas de monnaie propre, elle est soumise, sous ce rapport, à tous les hasards et à toutes les fluctuations; une seule chose est cependant certaine, c'est que la quantité de monnaie en circulation est absolument insuffisante. Nous verrons dans un instant les conséquences fâcheuses de cette situation.

La piastre se subdivise en centièmes; il y a des pièces de 10, 20 et 50 centièmes qui sont en argent. Ces subdivisions de la piastre sont usitées dans tous les centres importants de colonisation et aux environs, mais elles pénètrent peu dans l'intérieur du pays.

Enfin, il existe deux monnaies de bronze françaises, la pièce de *un centième* et la *sapèque française* qui vaut 1/500 de piastre et qu'il ne faut pas confondre avec la *sapèque indigène*.

Passons maintenant à la monnaie indigène.

Théoriquement, elle se compose d'un certain nombre de monnaies d'or, mais je ne m'y arrête pas, je ne vous en donne même pas les noms très variés, car l'or n'existe pas dans la circulation. Cette monnaie qui est en forme de barre s'accumule soit dans le Trésor impérial, soit chez des marchands ou particuliers riches; on en remet quelquefois aux fonctionnaires à titre de cadeau, mais on ne saurait considérer ce fait comme une véritable mise en circulation. Les barres d'or sont des objets précieux, comme seraient chez nous des bijoux ou des pierreries, elles ne constituent pas pour le public une véritable monnaie.

La monnaie d'argent est également composée de barres qui ont généralement une forme quadrangulaire et sont revêtues d'inscription. La frappe de ces barres, comme celle des barres d'or est libre, mais en pratique les particuliers ne font pas frapper de barres d'or. Chacun peut donc couler de l'argent et le mettre en circulation, et vous voyez immédiatement les inconvénients de ce système; il n'existe pas de titre fixe et l'absence de titre fixe fait de la monnaie non un instrument d'échange ayant une valeur fixe, mais une simple marchandise; c'est-à-dire, que les lingots d'un même poids contiennent des quantités de métal fin très différentes. Cette habitude favorise en grand les fraudes; tantôt on donne un poids inférieur à celui qui est marqué sur la barre, tantôt on se borne à envelopper une certaine quantité de métal quelconque (fer, cuivre, étain), d'une couche plus ou moins épaisse d'argent, et on tente d'écouler ce lingot comme exclusivement composé d'argent.

Chaque fois qu'un commerçant reçoit en paiement ces barres, il faut donc qu'il en vérifie le poids et le titre, ce qui est indispensable pour se préserver contre les fraudes, mais constitue une obligation très désagréable. Vous voyez, Messieurs, combien ce système est défectueux et cela explique assez naturellement comment les monnaies indigènes d'argent se rencontrent peu dans la circulation. Elles se concentrent pour la plupart dans les régions éloignées des centres de colonisation. Qu'est-ce en réalité que ces lingots, sinon une marchandise au même titre qu'une pièce d'étoffe ou un sac de riz? C'est une marchandise qui, sous un petit volume, a une valeur relativement grande, mais ce n'est qu'une marchandise et comme telle soumise, suivant son abondance ou sa pénurie, à la loi de l'offre et de la demande; quand il y a beaucoup de ces barres dans une région, elles perdent de leur valeur; quand il y en a peu, elles prennent une valeur plus grande. De là une grande différence entre le rôle de la monnaie en Europe par exemple, et en Extrême-Orient. Nous sommes habitués en France et dans tous les pays où la circulation monétaire est vraiment contrôlée, à voir une valeur fixe à notre monnaie. Le kilo d'or vaut 3.437 fr. et ne varie que de quantités insignifiantes; quant à la valeur nominale de l'argent, elle reste stable, parce que c'est l'or qui forme la base de nos systèmes monétaires et que l'argent ne forme qu'une monnaie d'appoint échangeable contre de l'or. En France, quand le blé qui valait hier 17 francs vaut aujourd'hui 17 fr. 50, nous ne disons pas que la valeur de la monnaie a baissé, mais que le prix des denrées a haussé. Au contraire, dans l'Extrême-Orient, les métaux précieux présentent d'une manière très marquée le caractère de marchandises; leur valeur varie non seulement en raison de la valeur intrinsèque du métal, mais aussi en raison de leur abondance plus ou moins grande sur le marché. C'est là la raison qui fait exister continuellement un change et un change très variable entre ces piastres diverses et leurs subdivisions d'une part, les monnaies indigènes (barres d'argent ou sapèques), d'autre part.

Je viens de prononcer le mot de sapèque, Messieurs, et avant de vous expliquer ce qu'il en est, il faut que vous sachiez que cette monnaie indigène se comporte vis-à-vis du système monétaire de la piastre, exactement comme les lingots d'argent dont nous venons de parler ; la sapèque varie de valeur comme une simple marchandise et ses variations atteignent des amplitudes considérables. Suivant les moments et suivant les lieux, on a vu leur valeur varier, par rapport à la piastre, du simple au double.

Qu'est-ce donc que la sapèque? C'est un disque de cuivre ou de zinc, très mince et assez fragile, qui est percé d'un trou au milieu. Les sapèques sont réunies, comme une sorte de chapelet par un brin de bambou passé dans le trou central. 100 sapèques de cuivre ou 600 sapèques de zinc forment une ligature qui pèse environ 1 kilog. 1/2; vous comprendrez combien cette monnaie est encombrante quand je vous aurai dit que la valeur d'une ligature est parfois descendue à 20 centimes, de sorte que pour transporter une somme de 1.000 ou 2.000 francs en sapèques, il faut avoir une voiture. La sapèque, avec sa valeur infime, est la monnaie qui convient à une population dont les ressources sont limitées, mais dont les besoins sont très restreints et peu dispendieux.

La caractéristique de ces systèmes monétaires, c'est qu'il n'existe aucun rapport fixe entre les diverses sortes de monnaies ; je vous ai indiqué précédemment que les diverses piastres avaient des valeurs différentes suivant leur poids et leur titre ; les barres ou monnaies d'argent indigènes (appelées nen) n'ont aucun rapport fixe, soit avec la piastre, soit avec la ligature. En France, quand on reçoit une pièce d'un franc, on sait que vingt de ces pièces peuvent être échangées contre une pièce d'or ; 20 francs en monnaie divisionnaire ne seront jamais échangés contre une quantité d'or représentant 19 francs ou 21 francs. En Indo-Chine, au contraire, il est impossible de savoir à priori combien il faudra de ligatures pour se procurer une piastre, et combien de piastres correspondront par exemple à une valeur de 20 francs en or.

Autrefois, les sapèques avaient cours légal ; on les employait pour le paiement des impôts, mais depuis longtemps ce système, qui avait l'inconvénient d'attirer dans les caisses du Trésor une monnaie encombrante et très facilement destructible, a disparu ; aujourd'hui la piastre seule est admise pour le paiement de l'impôt ; la ligature, la sapèque, le nen ne servent qu'aux transactions entre particuliers. Une seule monnaie a désormais cours légal : la piastre, mexicaine, américaine ou française ; elle peut être imposée en paiement soit entre particuliers, soit dans leurs relations avec le Trésor, sans aucune limitation de valeur. Il en est de même de la pièce de 50 centièmes. Les pièces de 20 et 10 centièmes en argent peuvent être refusées pour des quantités supérieures à deux piastres, les pièces de bronze sont d'un usage illimité, enfin les sapèques françaises peuvent être employées dans les paiements, mais seulement comme appoint.

Pour faire une énumération complète des moyens usités dans les transactions en Indo-Chine, je dois ajouter aux espèces métalliques, les billets émis par la Banque de l'Indo-Chine, et sur lesquels je n'ai pas besoin de m'étendre plus longuement.

Qu'il vous suffise de savoir que ces billets sont fréquemment employés dans les transactions par les indigènes.

On peut donc, pour résumer la situation monétaire de l'Indo-Chine, dire qu'elle est exclusivement sous le régime de l'étalon d'argent, car les sapèques et monnaies de bronze ne peuvent servir qu'aux échanges intérieurs.

Quels sont donc les effets produits dans cette colonie par l'énorme dépréciation qui depuis trente ans a atteint le métal blanc.

Au point de vue budgétaire, les recettes se font en piastres, c'est-à-dire qu'elles ont en fait une tendance à diminuer par suite de la dépréciation monétaire. Quant aux dépenses, une notable partie doit se faire en francs, tel est le cas des dépenses à faire en France, des traitements, etc., qui sont stipulés en francs. Or, tandis que la piastre a une tendance à diminuer, le franc reste immuable, de là une cause de déséquilibre qui s'introduit dans les budgets. — Effet nuisible au premier chef.

Au point de vue des transactions, il faut distinguer : Pour les transactions intérieures, l'effet de la dépréciation monétaire est peu apparent, mais il semble résulter des rapports de tous ceux qui connaissent la colonie que le prix des denrées de consommation et de production locale a sensiblement augmenté depuis quelques années, ou, en d'autres termes, que si avec 100 piastres on se procurait, il y a quinze ans, une certaine quantité d'une marchandise quelconque, on ne s'en procure plus aujourd'hui qu'une quantité moindre, — de même pour le taux des salaires qui a augmenté. — Cela n'a rien que d'assez naturel, car l'instrument d'échange diminuant de valeur, son pouvoir d'achat est diminué.

Au point de vue des transactions avec les pays à étalon d'argent, l'avilissement de ce métal n'a pas eu une action très ample, mais cette action n'en est pas moins certaine. Au point de vue des transactions avec les pays à étalon d'or, la perte est évidente ; pour payer une somme en francs, il faut aujourd'hui un nombre de piastres double (la piastre étant de 2 francs) de celui qui était nécessaire il y a quinze ou vingt ans.

L'influence de cette situation s'est fait vivement sentir sur la colonisation. Supposons qu'un Français soit venu se fixer en

Indo-Chine avec un capital de 100.000 francs, au moment où la piastre valait 4 francs. Il s'est établi à ce moment avec 25.000 piastres. Supposons qu'il ait fait de bonnes affaires et qu'il ait doublé son apport ; il a aujourd'hui 50.000 piastres. Mais s'il veut réaliser sa situation pour rentrer en France, de ses 50.000 piastres il ne tirera que 100.000 francs. Il se trouvera donc avoir travaillé pendant quinze ou vingt ans simplement pour ne pas perdre. Vous comprenez que ceci n'est point fait pour attirer beaucoup les capitaux européens. Chose fâcheuse pour la colonisation.

Pour les fonctionnaires, celui qui a un traitement de 10.000 francs touchait autrefois 2.500 piastres ; il en touche aujourd'hui 5.000, mais son traitement n'est pas doublé en réalité, car le prix de la vie a beaucoup augmenté. Si au contraire le traitement est fixé en piastres, celui qui a 2.500 piastres touchait autrefois une valeur de 10.000 francs, et il n'en touche plus que 5.000 aujourd'hui. Vous voyez que la perte est sensible. Aussi a-t-on dû chercher à y remédier en créant des indemnités spéciales.

Quelles sont les remèdes à cette situation? Est-ce l'établissement de l'étalon d'or, comme l'ont fait le Japon, les Indes ou plus récemment le Siam?

Non, Messieurs, car les Indes et le Japon effectuent avec l'Europe la plus grande partie de leurs opérations commerciales ; au contraire l'Indo-Chine a pour client presque unique le marché chinois où l'argent seul est usité. Comment pourrait-il se faire payer ce qui lui est dû si le paiement devait se faire en or? Le Siam vient d'en faire l'expérience ; ses principales relations, comme celle de l'Indo-Chine, sont avec la Chine. Du jour où il a eu adopté l'étalon d'or, cette mesure a eu pour résultat d'écarter du Siam les acheteurs de riz chinois qui, par suite de la hausse de prix résultant du nouvel étalon, sont venus s'adresser à la Cochinchine. Cette expérience ne doit point être perdue pour nous et d'ailleurs, je crois savoir que les représentants du gouvernement anglais à Singapore et à Hong-Kong se prononcent très vivement contre l'établissement de l'étalon d'or dans ces établissements.

Mais, me direz-vous, sans introduire l'étalon d'or, ne pourrait-on y établir notre système monétaire avec la pièce d'argent de

5 francs? Je crois cette réforme tout aussi impraticable. Notre pièce de 5 francs ne vaut 5 francs que parce qu'elle représente le 1/4 d'une pièce d'or de 20 francs. Par conséquent, introduire cette pièce de 5 francs avec sa valeur pleine en Indo-Chine, cela revient en fait à y établir l'étalon d'or. Comment d'ailleurs pourrait-on faire admettre aux indigènes que la piastre valant aujourd'hui environ 2 francs et pesant de 26 à 27 grammes, une pièce d'un poids moindre (25 grammes), vaudra 5 francs? Il y a là une anomalie qui échapperait absolument aux esprits orientaux.

Est-ce à dire qu'on ne puisse pas tempérer les inconvénients du régime actuel? Je ne le crois pas. Mais il faut pour y parvenir prendre un certain nombre de mesures préliminaires dont la première est de se rendre maître de la circulation monétaire sur le marché Indo-Chinois, en expulsant peu à peu les piastres étrangères pour les remplacer par une piastre française frappée en quantité assez abondante et admise seule dans les caisses publiques.

Pour cela, il faudrait, après avoir lancé dans la circulation une quantité suffisante de piastres françaises, leur donner une valeur très atténuée de 2 francs par exemple, et frapper les piastres étrangères non plus d'un droit de sortie, mais au contraire d'un droit d'entrée pour limiter leur introduction. L'établissement des budgets en francs et non plus en piastres serait également une mesure indispensable.

L'effet de ces dispositions ne serait pas immédiat, mais il produirait vraisemblablement une amélioration sensible. Ces mesures prises, on pourrait ensuite examiner dans quelques années, s'il ne conviendrait pas en vue de l'avenir, de commencer à constituer une réserve métallique en or, en vue d'une modification future de l'étalon monétaire. Mais, je le répète, cette modification ne me semble pas devoir se produire encore à très bref délai, dans l'intérêt même de la colonie.

Telles sont, Messieurs, les indications sommaires que le peu de temps dont nous disposions m'a permis de vous donner sur le régime monétaire et le change dans notre colonie d'Extrême-Orient. Comme je vous le disais en commençant, je ne me flatte pas de vous avoir donné une idée complète des questions si

complexes et si délicates du change ; j'espère seulement, en les
signalant à vos réflexions, vous avoir inspiré le désir d'en faire
une étude plus précise et plus approfondie, et je serais heureux
si, devenus plus tard familiers avec les difficultés du sujet, vous
vous souveniez de celui qui a essayé de vous en esquisser les
premiers éléments, et qui a toujours porté le plus vif intérêt
à cette École.

www.ingramcontent.com/pod-product-compliance
Lightning Source LLC
Chambersburg PA
CBHW061415060726
47597CB00003B/1063